心中永怀圣火

于子寒 ◎ 著

体育

中国出版集团

现代出版社

图书在版编目(CIP)数据

心中永怀圣火/于子寒著.——北京:现代出
版社,2013.1 (2024.12重印)
（我的未来不是梦）
ISBN 978-7-5143-1062-7

Ⅰ.①心… Ⅱ.①于… Ⅲ.①运动员－生平事迹－世
界－青年读物②运动员－生平事迹－世界－少年读物
Ⅳ.①K815.47-49

中国版本图书馆 CIP 数据核字(2012)第 292853 号

我的未来不是梦—心中永怀圣火(体育)

作　　者	于子寒
责任编辑	刘　刚
出版发行	现代出版社
地　　址	北京市朝阳区安外安华里 504 号
邮政编码	100011
电　　话	(010) 64267325
传　　真	(010) 64245264
电子邮箱	xiandai@cnpitc.com.cn
网　　址	www.modernpress.com.cn
印　　刷	唐山富达印务有限公司
开　　本	700×1000　1/16
印　　张	12
版　　次	2013 年 1 月第 1 版第 1 次印刷　2024 年 12 月第 4 次印刷
书　　号	ISBN 978-7-5143-1062-7
定　　价	47.00 元

序　言

　　这套以"我的未来不是梦"命名的丛书，经过众多编者的数年努力，终于以这样的形式问世了。

　　此时，恰值党的"十八大"刚刚胜利闭幕，选举出了以习近平同志为首的党中央领导集体。"十八大"报告中对教育领域提出："坚持教育为社会主义现代化建设服务、为人民服务，把立德树人作为教育的根本任务，培养德智体美全面发展的社会主义建设者和接班人。"这使我们编者更感此套丛书生即逢时，契合新时期新要求，意义重大。

　　我们编写的这套《我的未来不是梦》系列丛书，精选了古往今来的一些重要职业，尤以当下热点职业为重。而"梦想的实现"则是本套丛书的核心。整套书立意深远，观点新颖，切合实际，着眼实用，是不可多得的青少年优质读物。

　　我们深信，这套丛书必将伴随小读者们的生活与学习，而促进他们德智体美全面健康的成长。更使他们对未来充满信心，驾驭着新知识和新科技，驶入海洋，飞向蓝天，去实现最美好的梦想！

目录 CONTENTS

第一章 推开虚掩的门

随人类一同诞生的运动 ……………………009

体育与运动的发展、规范化 ……………………010

奥林匹克的复苏 ……………………012

体育的赞歌 ……………………013

第二章 梦的宣言

笑对生活的勇者——王皓 ……………………019

勇敢的心——阿朗佐·莫宁 …………………… 023

用生命奔跑——达娜·侯赛因 …………………… 029

抱歉,死神,我要去游泳

　　　——马尔滕·范德韦登 …………………… 032

游离死亡区——埃里克·尚托 …………………… 036

第三章 破茧与涅槃

关于零的秘密——吉尔伯特·阿里纳斯……043

洛杉矶凌晨四点的样子

　　　——科比·布莱恩特 ……………………047

生命骑士——兰斯·阿姆斯特朗……………052

我是一个篮球手——林书豪·················056

第四章　骑士精神

得志少年的风采——孙杨·················063

绝不服从——阿伦·艾弗森·················068

老骥不伏枥——钱德罗·托马尔·················073

巴神的世界，你永远不懂

　　——马里奥·巴洛特利·················076

不羁战士——默罕默德·阿里·················080

第五章　虽败犹荣

拆掉荆棘墙——德里克·雷德蒙德·················087

君子之战——鲁兹·朗与杰西·欧文斯······091

绅士的微笑——阿列克谢·涅莫夫·················095

最美的垫底者——阿赫里瓦·················099

第六章　随爱而动

博尔特和他的小红心——尤赛恩·博尔特···107

小巨人和他的朋友们——姚明·················111

妈妈是战士——丘索维金娜·················117

忘年深情——萨马兰奇与邓亚萍·················121

第七章　英雄丰碑

上帝身着23号球衣——迈克尔·乔丹………127

天空是我的极限——伊莲娜·伊辛巴耶娃…131

现代奥林匹克之父——顾拜旦……………136

最好的田径运动员——杰西·欧文斯………140

我是一条鱼——迈克·菲尔普斯……………143

第八章　折翼天使

第一魔术师——埃尔文·约翰逊……………149

人鱼小姐的彼岸——娜塔莉·杜·图伊托…154

钻石心女孩——桑兰……………………157

老兵的战役——菲尔·帕克………………161

第九章　中国印记

单刀赴会——刘长春………………………167

黄种人的飞翔梦——刘翔…………………172

女皇和女孩儿——高敏……………………177

小小"超级丹"——林丹……………………182

第十章　我的未来不是梦

第一章

推开虚掩的门

心中永怀圣火

◦导读◦

　　自从大自然当中衍生出了"人类"，运动就一直伴随在人们左右，虽然古时不会有人给"体育运动"下一个明确的定义，但它就那样理所当然地存在着，它是大自然的一部分，是人类的一部分。

■ 随人类一同诞生的运动

　　你是体育爱好者吗？你有钟情的体育项目吗？你曾为某个体育明星而疯狂——坐在电视机前情不自禁地大叫，或是重温某场经典比赛的时候顿感人血沸腾，甚至流下热泪？不要觉得自己这番举动是过激的，你没疯，你只是被这个世界上最迷人的东西吸引了而已。事实上，不为它的魅力所折服的人实在少之又少。

　　自从大自然当中衍生出了"人类"，运动就一直伴随在我们左右，虽然在古时不会有人给"体育运动"下一个明确的定义，但它就那样理所当然地存在着，它是大自然的一部分，是人类的一部分。远古时期的人们用奔跑和投掷石块的方式捕食，在挨过悬崖峭壁的时候努力保持平衡，在有水拦路的情况下逐渐学会游泳，还有攀爬和跳跃，看，运动就这样自然而然地出现了。它是人类本能的一种体现，也是生活中的一种"必需品"。而那时的人们，把这些动作作为劳作的技术和生存的本领传授给下一代，也成了人类教学的萌芽，更成为了体育活动的萌芽。

　　这些活动，经过十分漫长的过程，逐渐从本能演变成生活习惯、行动技巧，再到成为古代训练士兵、增强士兵战斗力的手段和百姓们日常的娱乐活动，可以发现，它的目的性越来越强，被应用的范畴也越来越广阔。实际上，运动和体育的发展都与生活水平的提高、教育、军事、科学技术的发展，以及人们的宗教活动、休闲娱乐活动有着密不可分的关系。在其整个历史发展过程中，是受一定的政治经济条件所制约的，并为一定的政治经济服务。由此我们不难看出,运动无论何时,都是和人类的生活、生存紧密相连的。而在这样的发展过程中,或许并没有人刻意地去把它当成一种宝藏去保护、去传承,它只是随着人类文明的进步寸步不离地跟随我们,而且变得越来越有趣、越来越容易被人接受,这不得不说是一种美妙的神奇。也就是在这样神奇的发展中,它的魅力也得到了更多的体现。

■ 体育与运动的发展、规范化

体育的发展大致经过了以下三个时期:原始的体育萌芽时期;自觉从事体育时期以及形成与完善体育制度时期。经过这三个时期,逐步形成了现代的体育体系;其中,竞技体育的发展更是推动现代体育发展的最主要动力。

现在,我们再来了解一下"体育"和"竞技体育"这两个词汇的概念。据权威资料记载,最早使用这一词汇的是法国人。1760 年,在法国的一些报刊上论述儿童"身体教育"课题时,曾有论文起用"Education Physique"这一词汇,Education 是指教育,而 Physique 是法文单词,它表示的是"身体"的意思。(现在国际上普遍用"Physical Education"这一英文词汇泛指"体育"。Education Physique 的本意是指:以身体活动为手段的教育方式,直译为"身体的教育"。后来,在英文中又出现了单词"Sport",人们认为这一词汇的来源是拉丁语中的"Disport"一词,Disport 是指"离开工作去游戏、玩耍、进行娱乐活动"。而后来逐渐形成具有新含义的一个概念,即——竞技运动(竞技体育)。竞技运动自然是组成体育的重要部分,它是以体育竞赛为主要特征,以创造优异运动成绩,夺取比赛优胜为主要目标的社会体育活动。比如篮球、排球、短跑等等,都是竞技运动。

话至此处,就不得不提及古代奥林匹克运动会了。古奥运会从公元前

776年起,到公元394年止,共经历了1168年的漫长岁月,共计293届。从兴起到到衰落,这中间曾经历了十分浩大的历史传承。

关于古代奥林匹克运动会的起源流,历史上有很多美丽而浪漫的传说,其中有一个广为流传的故事,是这样的:古希腊共和国伊利斯国王为了给自己的女儿挑选一个能文能武的驸马,提出应选者必须和自己比赛战车。国王是一个骁勇善战之人,在比赛中,他击败并杀死了13个年轻而勇猛的战士,而作为第14个勇士的,是万神之王宙斯的孙子——佩洛普斯。这个英俊勇猛的战士早就与公主互生情愫,而在爱情的鼓舞下,终于战胜了国王,赢娶了公主。为了庆贺这场胜利,佩洛普斯与公主在奥林匹亚的宙斯庙前举行盛大的婚礼,会上安排了战车、角斗等项比赛,而这就是最初的古奥运会的雏形,佩洛普斯则成了古奥运会传说中的创始人。

实际上,古奥运会的发源是和古希腊共和国当时的国情密不可分的。公元前9世纪至8世纪,古希腊共和国瓦解成为由200多个城邦制组成的奴隶社会。城邦之间各自为政,战争持续不断。而体育运动则成为了训练士兵的有力手段。当时的战争成了一柄双刃剑——一面令希腊民不聊生,饱受疾苦;而另一方面,战争又促进了全国上下的体育发展。后来,斯巴达城之王和伊利斯城之王签订了"神圣休战月"条约。终于,带有浓烈军事色彩的古希腊体育竞技,渐渐地演变成了象征和平与友好的运动会。

最初的古奥运会比赛十分单调,它只有是192.27公尺的短跑这一项比赛。直到了第13届奥运之后,也就是公元前724年,另一个项目才参与进来——4.2公里长跑。而到了公元前708年,古代奥运会又增加了跑、跳、投、掷、摔、拳等动作组成的全能十项比赛。优胜选手可获橄榄枝叶编织的王冠,第二名选手可获桂冠。这样美丽的编织品不仅象征着至高无上的荣誉,更象征着友好、和平。公元6世纪,古奥运会的项目开始越增越多,参与的国家和观众也不可同日而语。考古学家估计,当时的奥林匹亚体育场可以容纳两万观众。那时的运动选手们都是穿短裤、打着赤膊比赛的,想象那样的画面,真是颇具勇武、热血的色彩。有趣的是,从公元前720年起,古奥运会的选手们开始改为裸体比赛,而女性则不再被允许参赛或观看。各种各样意味深长的竞技项目、规则被逐渐列入古奥运之中。

就是这样，经过了极其漫长、悠久的发展，古代奥运会成了人类历史上浓重的一笔渲染，但是由于战争和政治原因，这份辉煌却在公元393年被终止了——罗马皇帝塞奥多希斯下令禁止奥运活动。数个年代之后，天灾、人祸不断，奥运会的光荣史绩渐渐地就被淡忘了。

奥林匹克的复苏

可是，体育是属于人类的，是和人类密不可分的，它们是每个人心底里的火焰，这团火焰虽不会始终旺盛，但它绝不会熄灭！1896年，在伟大的奥林匹克之父顾拜旦公爵的带领下，人类又一次将奥运的火焰送上了最高的山峰。现代奥林匹克运动会诞生了，并熊熊燃烧至今。

现在，它已经成为了我们这个星球上最为盛大的集会。全世界实力最为强劲的运动员齐聚一堂，无论是大球、小球、田径等项目，都可以在这场盛会中得到最完美的诠释，毫无疑问，奥林匹克也是最权威、最具观赏性的体育比赛。每一座游泳馆里的水，都是骄傲的、喜悦的泪水流成的，每一座领奖台的台阶，都是坚韧的、勇敢的心铸就的。那些登峰造极的开幕表演，那些让人叹为观止的体育竞技、那阵阵充满真情的呐喊声都让人难以忘怀。

我们一直在强调体育的美。相信你一定领略过竞技体育的美：体操运动员舒展柔软的姿态，绿茵战场上弥漫的硝烟，赛场上的风驰电掣的刺激，射击比赛中的百步穿杨，篮球场上技惊四座的入球，那些力与美的展现，体能和智慧的较量，无一不具有强大的魅力和说服力，说服你去赞美，去行动。它的美不光体现在身体上、外表上，更体现在精神上——不服输的个性、勇于进取的品质、对于登上高峰的渴盼和对极限的挑战。每一个新纪录的创造，都是人类进步的体现，而不畏艰难挑战极限的人们，则成了这个时代里真正的勇士。美国百米选手格林以 9.76 秒的成绩打破原世界纪录 9.79 秒时,虽说只 0.3 秒的进步,但他无疑是将人类的体能、目标、梦想向前带动的奇迹,这也是人类自我挑战所创造的奇迹。在此之前,更有医学界信誓旦旦地断言说:人类的肌肉纤维所承载的运动极限不会超过每秒 10 米。然而,1968 年,在墨西哥奥运会的百米赛道上,美国选手吉·海因斯创造了 9.95 秒的世界纪录后,那句"原来这扇门是虚掩着的"经典宣言,却让所有人为之动容。还记得经典的广告语"没有不可能吗"? 这正是对体育、以及对世界上所有事物的真理最好的描述。没有最好,只有更好,以及经典的奥运口号"更快、更高、更强",诠释着人类对于前进的渴望,还有那永不安于现状的进取精神。

体育是美的,富有挑战性的,大到篮球、足球、拳击、田径项目,小到一些不被列入奥运赛程的娱乐项目,比如踢毽子、打口袋、跳绳等等,每一项都有它别具一格的颜色,都有它吸引人的精彩之处,各式各样的体育运动,早已经无声无息地融入到了我们每个人的生活里,它能让我们度过的每一个日子都被活力充斥。随着生活水平的不断提高和生活节奏的不断加快,体育运动更成了我们每个人娱乐身心的最好方式,也是最健康的方式。在电脑前坐了一天,浑身酸痛不堪的时候,大可以在下班回家后叫上几个朋友,来到家附近的球场,跑跑步舒活一下筋骨,投几个篮换一种集中精力的方式;炎热的夏天里,稍微动弹一下就招来汗水,与其躲在家里,还不如找一处有阳光照耀的露天泳池,把自己"扔"进去,像鱼儿一样享受水的快感。这是莫大的乐事。

■ 体育的赞歌

也许有人会说:"我就很少运动啊。"没错,无论是因为生活的忙碌,还是爱好的不同,有一部分人是极少做一些体育运动的,他们的兴趣或许在于安静地坐在沙发上读一本书,或是整天面对着显示器发呆。但请您记住,缺乏体育锻炼绝对不是一件值得骄傲的事情。因为体育是人类的一部分,它源自一种本能,它向往阳光,向往激情,向往美好,是灵魂的召唤。许多人终其一生都徘徊在十字路口,进退两难。纪录、极限是虚掩的门,看似遥不可及的梦是一扇虚掩的门,成功也是一扇虚掩的门,它是可以通过历练和汗水被推开的。然而,许多人畏惧这扇门,他们反而给自己的心上了锁。这样的人,将会永远被拒之门外而叹门之坚。

也许您会觉得我的说辞冠冕堂皇,那就来看看伟大的奥运之父,是如何歌颂体育的吧:

体育颂

啊!体育,天神的欢娱,生命的动力!你猝然降临在灰蒙蒙的林间空地,受难者,激动不已,你像是容光焕发的使者,向暮年人微笑致意。你像高山之巅出现的晨曦,照亮了昏暗的大地。

啊!体育,你就是美丽!你塑造的人体变得高尚还是卑鄙,要看它是被可耻的欲望引向堕落,还是由健康的力量悉心培育。没有匀称协调,便谈不上什么美丽。你的作用无与伦比,可使二者和谐统一;可使人体运动富有节律;使动作变得优美,柔中含有刚毅。

啊!体育,你就是正义!你体现了社会生活中追求不到的公平合理。任何人不可超过速度一分一秒,逾越高度一分一厘,取得成功的关键,只能是体力与精神融为一体。

啊!体育,你就是勇气!肌肉用力的全部含义是勇于搏击。若不为此,敏捷、强健有何用?肌肉发达有何益?我们所说的勇气,不是冒险家押上全部赌注似的蛮干,而是经过慎重的深思熟虑。

啊!体育,你就是荣誉!荣誉的赢得要公正无私,反之便毫无意义。有人要弄见不得人的诡计,以此达到欺骗同伴的目的。但他内心深处受着耻辱的绞缢。有朝一日被人识破,就会落得名声扫地。

啊！体育，你就是乐趣！想起你，内心充满欢喜，血液循环加剧，思路更加开阔，条理更加清晰。你可使忧伤的人散心解闷，你可使快乐的人生活更加甜蜜。

啊！体育，你就是培育人类的沃地！你通过最直接的途径，增强民族体质，矫正畸形躯体，防病患于未然，使运动员得到启迪；让后代长得茁壮有力，继往开来，夺取桂冠的荣誉。

啊！体育，你就是进步！为了人类的日新月异，身体和精神的改变要同时抓起，你规定良好的生活习惯，要求人们对过度行为引起警惕。你告诉人们遵守规则，发挥人类最大的能力而又无损健康的肌体。

啊！体育，你就是和平！你在各民族间建立愉快的联系。你在有节制、有组织、有技艺的体力较量中产生，使全世界的青年学会相互尊重和学习，使不同民族特质成为高尚而公平竞赛的动力！

我的未来不是梦

● 智慧心语 ●

运动是一切生命的源泉。　　　　　　　　　　　　——达·芬奇

生命在于运动。　　　　　　　　　　　　　　　　——伏尔泰

我生平喜欢步行,运动给我带来了无穷的乐趣。　——爱因斯坦

各种娱乐的高下优劣,最能显示那个人的高下优劣。

　　　　　　　　　　　　　　　　　　　　　　　——麦肯

体育竞赛之最绝妙处乃由于它只在手做,不在口说。

　　　　　　　　　　　　　　　　　　　　　——赫尔巴特

体育之效,在于强筋骨,增知识,调感情,强意志。　——毛泽东

德志皆寄于体,无体是无德志也。　　　　　　　　——毛泽东

第二章

梦的宣言

阿朗佐·莫宁

❖导读❖

　　梦想，到底是什么？它是深埋在内心深处的极度渴望，是给予你力量面对苦难的勇气。它可以大到成为征服世界的野心，也可以小到像是"拥有一块新手表"这样的心愿，而无论大小，它总是美的。

　　正是因为有梦，人们才敢于承受狂风暴雨的袭击，敢于迈向布满荆棘的幽林，因为人们知道，哪怕遍体鳞伤，梦的彩虹也会帮他们治愈所有的痛。站上最高的领奖台，梦可以实现；奔跑在赛道上倾尽全力，梦一样可以实现。无论快与慢，高与低，只要你曾为梦想用力拼搏，你的生命终将得到升华。

笑对生活的勇者

——王皓

"第三次站在亚军领奖台，我已经尽力，希望关心我的人和我一样坚强，和我一起勇敢走下去。"这就是王皓，一个永远笑着面对一切的人。

2012年伦敦奥运会男单比赛，一路杀入决赛的王皓缓缓走入赛场，迎接他的，是世界数亿万人的目光，而站在他对面的，是与他朝夕相处的战友张继科。

比赛开始了，被大家形容为"藏獒"的猛将张继科，一开场就气势汹汹地给了王皓个下马威——4比0。好在王皓经验十足，稳住阵脚后，逐步进攻，将比分一步步拉近。而对手张继科也不甘示弱，他利用强硬的技术和良好的心态，取得了10比6的领先，王皓见形势紧张，也开始展开搏杀。当他把比分追平到12比12之后，一个精彩的对拉迫使两名选手全都在离台2米左右的地方开始对攻，而两人的回球线路依然十分精准。几个回合之后，张继科以18比16率先拿下了第一局。

第二局比赛开始了，张继科延续了上一轮的气势，开局便以3比0领先。而王皓的状态却好像陷入了低谷。对手的优势越来越大，虽然王皓最后顽强地扳回几分，但还是以5比11输掉了第二局。

第三局，王皓一扫前两局的开场劣势，一下打了个4比1领先。但在接下来的快速攻防转换中，张继科的优势便凸现出来，连追4分后，他顺利将比分反超至5比4。随后，张继科又连得3分。随着比赛的激烈进行，

我的未来不是梦

张继科不断地扩大着领先优势，最终以 11 比 6 结束了第三局。而此时，张继科距离冠军只有一步之遥。

第四局，双方的比分一直咬得很紧，打到 9 比 9 平时，王皓在快搓的时候速度很快，率先拿到局点。但是在接张继科发球的时候，王皓的一次失误让比分到了 10 比 10 平。之后，双方经历 11 比 11 平，王皓奋力拿下了 2 分，最终以 13 比 11 险胜。

已经是最后一局了，王皓开局气势很足，一举 5 比 0 领先。可是随后，张继科便连追 3 分，在中局阶段的时候，两人的比分又打到 7 比 7 平。在王皓 8 比 7 领先时，场上出现了一个争议球，最后这个球没有判分。在比赛进行到 9 比 9 后，张继科吃了王皓一个发球，王皓握有一个局点。之后，两人打出了一个精彩的回合球，张继科连续扣杀后将比分打成 10 比 10 平。当张继科打到 12 比 11 的第二个赛点时，王皓回球冲天，张继科以 13 比 11 结束了整场比赛，获得了冠军。而王皓获得自己的第三枚奥运男单银牌。

激烈的比赛后，王皓大方地拥抱了对手张继科，并对他夺冠表示了祝贺。在这个打败了他的对手面前，他的脸上没有表现出任何一丝的怨气或不满。可是，面带微笑走上亚军领奖台的王皓的眼里，还是闪现了一丝难过。

回首王皓的运动生涯，从他 9 岁时开始进行乒乓球专业训练，到 13 岁时进入八一队；从 1999 年升入国家一队，到 2012 年夺得雅典奥运会男单亚军。在这条路上，他有过太多的汗水与泪水。而 2004 年雅典奥运会上，他却又遭遇了人生的重大转折。

2004 年 8 月，第 27 届奥运会乒乓球男单决赛，对阵双方是王皓与韩国选手柳承敏。以中国在乒乓球上绝对的实力，许多国人都顺理成章地把这枚金牌提前归入中国队囊中，而且在奥运会比赛前，王皓和柳承敏数次交手，都是王皓以绝对优势取胜。

但是，决赛开始后，王皓虽然先以 2 比 0 领先，但之后比赛的主动权却完被柳承敏控制，柳承敏一步步击破王皓的进攻。王皓也一步步背上了沉重的思想包袱,很快,节奏便完全被柳承敏掌控,最终,王皓以 2 比 4 败北,丢掉了中国的这枚金牌。

这次奥运会成了王皓乒坛生涯的梦魇,此后他患上了"决赛恐惧症"。每次比赛,他都能顺利打入决赛,可是一到决赛,他就开始神情恍惚、力不从心。2005 年全国十运会决赛他输给王励勤;2005 年、2006 年,王皓两次打入世界杯决赛,2005 年他在一路领先的大好形势下被德国选手波尔翻盘;2006 年又被马琳以 0:2 大逆转。

那段时间他悲痛万分,他咬着牙,一个人卧薪尝胆,每天除了大量的技术练习,更增加了许多体能练习,很快,王皓便有了脱胎换骨的变化,一个又一个的冠军奖牌跳进他的口袋。而与此同时,王皓也收获了一份幸福的爱情,被公认为美女的中国女乒队运动员彭陆洋也给了他一个甜蜜的港湾,彭陆洋一直在王皓的背后默默支持他,生活中两个人相互依靠、相互支持。2005 年亚锦赛上,他成功获得男团冠军;2006 年亚洲杯上,夺得男单冠军;同年,国际乒联巡回赛斯洛文尼亚站上,他获得男单冠军;2007 年瑞典公开赛,又获得男单冠军、男双冠军;2007 年世界杯时,他获得男团冠军、男单冠军;2008 年第 29 届奥运会,又获得男团冠军、男单亚军;2009 年中国公开赛(天津站),他获得男单冠军;2010 年世界杯上,又拿下男单冠军;2011 年斯洛文尼亚公开赛上,他拿下男单四强、男双冠军;2012 年亚洲乒乓球锦标赛上,他同时获得男团冠军、男双四强、男单四强。这样的成绩,与王皓的刻苦努力是分不开的。

有人讽刺王皓说他是个"千年老二",这样的声音,即使在今天依然会时不时地蹦出来,但是,他从来都是一笑而过,他只是这样在风中站着,带着最初的微笑。即使生活曾跟他开过无数玩笑,即使那些长着荆棘的日子曾给他痛楚,但他的笑容没有停止过,而也许,这就是伤痛的意义。

如今,身为 29 岁老将的他,也到了退役的年龄。谈及此次伦敦奥运会的感受,他表示对自己的表现很满意,4 年来的辛苦并没有白费。8 月 19 日,他踏上了归往家乡长春的旅程——

英雄,欢迎回家。

心中永怀圣火

　　生活从来就有着太多不如意,这段短暂的旅程里,我们都曾有过失望。但如果不是坚持走下去,也许连后悔的机会都没有,这就是我们为什么宁愿选择后悔也绝不要遗憾。而只要真心付出过收获过,就会永远无憾无悔,谁知道呢,说不定这就是我们走这一遭最美丽的收获。

知识链接

　　张继科:中国男子乒乓球队运动员,1988 年 2 月 6 日生于山东青岛,别名"藏獒",5 岁开始打球,2003 年进入国家队,曾数次获得各大赛事冠军,现 15 个月成就大满贯。

　　柳承敏:韩国男子乒乓球队运动员,1982 年 6 月 5 日出生,9 岁开始打乒乓球,打球时犀利的目光是他的魅力点。他不仅球技水平高,而且为人富有爱心,汶川地震期间,他曾向中国红十字会捐款一千万韩元(约合人民币七万元)。

　　姜陆洋:中国乒乓球运动员,河北人,1986 年 1 月 10 日生于山东济南,她曾多次在各大比赛中获得荣誉,是中国乒乓球队中外形气质俱佳的运动员,2009 年 8 月下旬被曝与王皓相恋。

勇敢的心
——阿朗佐·莫宁

　　阿朗佐·莫宁是篮球场上出了名的铁汉,无论是他健硕的外形还是他硬朗的球风都给人以一种万夫莫敌的感觉, 每当他在对手的头顶怒扣得手,他都会仰天长啸并向看台上的观众们展示他发达的肱二头肌,将比赛的激情点燃。可是,这个敢打敢拼的铁汉的身体里蕴藏着一个众人皆知的"小秘密"——他的体内,只有一个肾,他带着一个肾在犹如战场一般的球场上拼杀了整整七个年头。

　　莫宁出生于美国弗吉尼亚州的切萨皮克,他 1992 参加 NBA 选秀,被夏洛特黄蜂队以第一轮第二顺位的名次选中,仅次于后来的霸联盟霸主的"大鲨鱼"奥尼尔。如此之高的选秀排名并没有让黄蜂队的老板失望,第一个赛季,作为新秀"菜鸟"的莫宁,就带领自己的球队在常规赛中打出了 50 胜 32 负的优秀战绩,他平均每场拿到 21 分,10.3 个篮板和 3.47 个盖帽,这样全面的表现对于一个新秀来说,足以用"惊人"二字来形容。

　　莫宁在球场上最出名的莫过于他硬朗的防守,我们经常可以看到这个身高 2.08 米,体重 118 公斤的大汉飞身跃起,将对手的投篮硬生生地扇飞甚至是直接夺到自己的手中,在身体对抗激烈的 NBA 赛场上,莫宁经常凭借着自己一身铁打的皮骨与对手硬碰硬,他对着那些因为他的碰撞而倒地的球员怒目圆睁,卖弄自己的肌肉,以炫耀自己强健的体魄和高超的防守技术。他这些具有特点的庆祝动作让他的比赛充满了活力,也让观众热血沸腾。"铁汉"之称名不虚传。

不得不说的是,当时的NBA是个传统中锋盛行的时代,在他之前的几个赛季加入NBA的中锋有号称"非洲大叔"的迪肯贝·穆托姆博、"大猩猩"帕特里克·尤因、"梦幻舞者"哈基姆·奥拉朱旺、"海上将军"约翰逊,还有那个"大鲨鱼"沙克·奥尼尔,光听名字似乎就已经感受到他们的强大了,而实际上,这些中锋确实也都是他们各自球队中的最为高大的猛将,也是当时的NBA中表现抢眼的明星。在莫宁之前,这些中锋都在赛场上表现出了足够的强悍,而莫宁的身材虽然同样强壮,但身高在中锋球员里绝对是偏矮的。面对比他还要高大的对手,莫宁也从不退缩,对手强悍,他就表现得更强悍;对手凶猛,他就表现得更凶猛,一次次钢铁身躯之间的对抗,一次次力量与技术的角逐,莫宁一直勇往直前,这样的表现,让那些明星中锋没有一个不挠头叫苦。

每一个在NBA打球的男人,都抱着同一个目标——奥布莱恩杯,那是至高无上的NBA总冠军奖杯,莫宁当然也不例外。他的每一次拼抢,每一次争夺,每一次投篮,每一滴汗水,都是在为这个目标付出的努力。在一次队内训练中,莫宁在防守的过程中因为身体碰撞从空中重重地栽倒在地,他"扑通"一声摔在了硬邦邦的地板上,这让他的队友和教练都捏了一把汗,但莫宁很快就咬咬牙站了起来,而在接下来的训练里,他的进攻却变得更加果断,他的防守也更加积极,这样的战斗力甚至让和他一同训练的队友们也感到了一丝丝恐惧,而他在赛场上跑动时,手臂上那因为摔伤而导致的红肿依然清晰可见。他的作风始终如此——流汗流血不流泪。

1995年,莫宁被黄蜂队交易,他开始为迈阿密热火队效力,作为球队的当家球星,他率领球队多次打入季后赛,继续着他的铁血之旅。却始终与总冠军无缘。为了这个从未实现过的梦,莫宁一拼就是九年。

或许,是命运在作弄这个铁汉,或许,是上帝在嫉妒他那非凡的勇猛,在职业生涯的巅峰时期,莫宁遭遇了一个职业球员最害怕面对的敌人——伤病。

不幸的事情发生在2000年赛季开始前——莫宁被查出患有严重的肾

衰竭，医生建议莫宁立即退出高强度的 NBA 比赛并接受治疗，而莫宁的选择却是继续为球队效力。他的选择让医生头痛不已，无论他们如何劝说、斥责，莫宁就是不愿意退出篮坛。可是，随着他的病情不断恶化，他终于不得不在 2002 年缺席了整个赛季，而 2003 年的赛季开始不久后，莫宁的肾功能已无法再支持如此剧烈的运动和对抗，这迫使他宣布退役。

同年的 12 月 19 日，莫宁进行了肾移植手术。手术之后，莫宁的身体素质已经大幅度下滑，所有人都认为他的职业生涯将会就此告终。

曾经嗜酒如命的莫宁开始戒酒，这是个艰难的过程，但是凭借着他的毅力，他还是做到了。有些人可能会问，对于一个切除了肾的人来说，戒酒这件事难道不是理所当然的吗？话虽没错，可是恐怕没人知道真正给予莫宁最大动力去拒绝这项诱惑的，其实是他对篮球炽热的爱和他那略显偏执的冠军梦。除了戒酒，莫宁开始做了一系列的恢复性的体能训练和球技训练，在修养期间，他仍像一个 NBA 球员那样生活着。他仍对他的梦朝思暮想，每一个日子里，他都会毫不例外地与篮球相伴，他在心中不断对自己说："你能行！"

终于，在 2004 年，只剩下一个肾的莫宁奇迹般地复出 NBA 球场。他的复出，震惊了整个体育界，所有知道他故事的人，都为他的做法而感到震撼和担忧，一名美国体育记者就曾直言不讳地说道："NBA 是全世界竞争最激烈、身体碰撞最剧烈的篮球赛事，莫宁简直是在和自己的生命开玩笑！"没错，莫宁正在用他的健康甚至是生命做赌注，他在尝试赢取梦想和作为一名篮球手的尊严。当记者满脸不解地问他为什么要做得如此极端时，莫宁只是微笑着回答："因为我是莫宁。"

铁汉的复出令人肃然起敬，但是由于伤病和衰老的原因，他的个人能力已经大不如从前，他的个人数据也比年轻的时候下跌了相当大的百分比。然而，每个观看他比赛的人都懂得，其实莫宁没有变，他依然在肌肉森林中奋力争夺每一个篮板球，依然积极地为队友做着掩护，他依然对着天空怒吼，依然向观众展示着他已经显得不再那么健硕的手臂。他在用自己有限的能力为自己的梦想去做每一件力所能及的事。他还是那个曾让观众疯狂的"铁汉"！

在几支球队辗转之后，莫宁终于回到了曾经的老东家迈阿密热火队，这次，他的队友变成了如日中天的"闪电侠"韦德和已经英雄迟暮的奥尼尔。当时的莫宁也已经进入了职业生涯的末期，昔日的豪情壮志似乎已经得不到回报，但莫宁还是兢兢业业地为球队作着贡献。终于，几条英雄好汉一路拼杀，最后竟打入了NBA总决赛！放在莫宁面前的，正是那座象征着荣誉和尊严，让他魂牵梦绕的奥布莱恩杯！

"拼了！"赛前，队友们团团围在一起，口中叫着这样的口号。他们肩并着肩，手握着手，和战友们紧紧连在一起的铁汉也对自己说："拼了！"他那伤痕累累的身躯中，似乎充满了力量。

那一晚，老莫宁的表现再一次燃起了所有人体内的热血，他单场送出八个盖帽，犹如门神一般坚守在自己的防守区域内，给了对手无数次迎头痛击。他每送出一个盖帽，就仰天长啸！那些和莫宁共同成长的球迷，那些在莫宁的巅峰时期还没有进入NBA的队友，在那一瞬间，似乎看到莫宁回到了20岁，重新变成了那个令人生畏的铁血战士！凭借着这样的表现，莫宁最后终于如愿以偿，他捧起了总冠军奖杯。那一刻，从不流泪的莫宁流泪了，他带着无法抑制的感动和激情燃烧的豪情发表了长达八分钟的冠军演讲："为了总冠军，我愿意牺牲自己的利益，减少自己的工资，帮助球队留出更多的薪金空间组建。很多人问我，为什么冒着生命危险打球？为什么要选择这样，我只能说，总冠军是我的梦想，是我进入NBA就有的梦想，我要在这有生之年实现这个梦想，现在我做到了，我可以选择离开了。"在更衣室里，他也再不管那些曾经的"清规戒律"，当队友递给他一瓶庆祝胜利的香槟时，阿朗佐·莫宁毫不犹豫地畅饮起来。

热火队主教练帕特·莱利在致辞中说："我们会记住你为这支球队、为这座城市所作出的所有贡献，我们永远不会忘记。他是冠军！他是勇士！他是传奇！"

拿到自己职业生涯唯一总冠军奖杯的莫宁，在第二个赛季退役了。在与国王队的比赛中他不幸受伤，此时的他再也无法像年轻时那样翻身一跃继续比赛,他咬紧牙关,痛苦地在躺在地上不敢动弹,可是当队医拿着担架准备将他抬出球场时,他还是努力站了起来,在队友的搀扶下走出了球场。他说:"我绝不会被抬出球场。"

　　这就是莫宁传奇的职业生涯,用硬朗的球风亮相,用硬朗的意志坚守,用硬朗的态度告别。或许有太多人像我一样,为他所受的伤病而感动心疼不已,但相信我,此刻的莫宁,那个铁血战士,如果正在回想他关于篮球的故事,那他一定是在微笑的。

逐梦箴言

　　梦没有碎,只是远了。不要心急,不要气馁,上帝永远都不会亏待付出汗水的人,他只是想要再给你多一重考验,这样,你的梦也会更加光亮。

知识链接

　　迈阿密热火队:迈阿密热火队是一支属于美国佛罗里达州迈阿密市的职业篮球队,是美国男篮职业联赛(NBA)东部联盟东南赛区的一部分。热火主场设在迈阿密市中心的美航中心球馆。该球队曾在 2006 年和 2012 年两度赢得 NBA 总冠军的荣誉。这支球队向来以"铁血"著称,曾有铁血教练汤姆·贾诺维奇在此执教,并多次成为各路强队夺冠道路上的拦路虎,阿朗佐·莫宁、沙克·奥尼尔、德恩·韦德等堪称"铁汉"的巨星级别球员都曾在此效力。虽然建队时间并不算久远,却成为了 NBA 当中最具标志性的球队之一。

我的未来不是梦

奥布莱恩杯：全名拉里·奥布莱恩冠军奖杯，用以纪念前NBA 主席（后来称之为 NBA 总裁）拉里·奥布莱恩。拉里·奥布莱恩冠军奖杯是由 14.5 磅纯银制成，外层镀有 24 克纯金，有2 英尺高。这座金光灿灿的奖杯是所有在 NBA 征战的球员梦寐以求的"宝藏"，这并非因为它价值连城，而在于它所象征的至高无上的荣誉和对于一名球员、一支球队最好的证明。NBA历史上获得该座总冠军奖杯次数最多的球队是波士顿凯尔特人队（17 次），其次是洛杉矶湖人队（16 次），而获得该奖杯次数最多的员是比尔·拉塞尔（11 次）。

用生命奔跑
——达娜·侯赛因

2008 年的北京奥运开幕式上,伊拉克代表团缓缓经过主席台,寥寥十几人的小团队似乎很容易就被开幕现场嘈杂的声音淹没,而除了美国总统布什,似乎也不会再有谁会去过多地注视这些伊拉克运动员的亮相,不过,在那十几人的代表团中,却有一个笑容甜美的女孩让人们印象深刻,她的个子不高,但春风满面,气质优雅,她漂亮的双眼中满是喜悦和自信。女孩的名字叫做达娜·侯赛因,她被称为"08 奥运最期待的选手之一"。

今年 26 岁的达娜出生于体育世家,但她的童年却与体育没有丝毫关联,萨达姆执政时期,整个伊拉克体育界都被罩上了一层恐怖的阴影。激烈的枪战、宗教暗杀,是从出生到现在都发生在达娜身边的"家常便饭"。2003 年,美军入侵伊拉克,达娜的世界又增添了新战争,可是,这虽然没有让她享受到和平,但却让她有机会穿上了跑鞋,开始了自己的短跑生涯。但相比其他国家的运动员,达娜的体育之路走得实在是太艰辛了,破旧的二手跑鞋、陈旧甚至是损坏了的体育设施倒还能够勉强接受,但充斥耳边的枪声却时时刻刻威胁着达娜的生命。

有一次,达娜和她的教练为了能够赶往训练场地,不得不穿越巴格达南部两个宗派的战场,女孩哭着回忆说当时自己 8 次穿过交火地带。还有一次,正在体育场中训练的达娜居然被狙击手给盯上了,对方两次向达娜开火,幸运的是子弹没有打中达娜,却让达娜受到了相当大的惊吓,当场就晕了过去。而清醒后的达娜马上试着平复自己的情绪,不久,她又如同好动的小野兔一样,回到了赛道上进行训练。是的,这位勇敢的女孩从未放弃过,因为她的心中,有一个别样的奥运梦:她认为参加奥运可以让伊拉克团结起来,她想让伊拉克的国旗在奥运赛场中飘扬。为了这个梦,就连炮火也无法阻止她奔跑的脚步,她说:"我雄心勃勃。如果街道被封锁了,如果枪战发生了,我会绕路走,因为我要实现新的目标,我要前进。"

不屑的努力终于让达娜有了圆梦的机会,2007 年阿拉伯运动会上,达娜取得了 24.80 秒的 200 米比赛成绩,这让她赢得了参加北京奥运的资格。可是,就在达娜为此而兴奋不已的时候,伊拉克却与国际奥委会产生矛盾,这导致了后者对前者发出了让人吃惊的"禁赛令"。这个消息让达娜几近崩溃,她冒着生命危险付出的一切,却因为政治原因而付诸东流。她的心在那一刻碎成了无数瓣。当时,达娜说过的一句话,曾让全世界通过网络得知她故事的人都感觉到了心痛——她的教练安慰她,说就算无法参加北京奥运,但 4 年后还可以参加伦敦奥运,实现梦想,而达娜则哭着说:"可是,我能活到那个时候吗?"

不过,不久之后让人欣喜的事发生了——伊拉克方面又和奥委会达成了协议,"禁赛令"被撤销了,达娜的梦回来了。

奥运开幕式上,达娜的笑容那样明朗,那样朝气蓬勃,她开心地向体育场中的观众们挥着手,那一刻的她,看上去如此美丽。比赛中,达娜竭尽全力,用全部的力量去战斗。虽然她的成绩并不出众,在预赛中仅仅排名第六,没有获得参加决赛的资格,但这一切对她来说已经不重要了。达娜的勇敢,坚韧,得到了人们的尊重,而冒着生命危险坚持训练的经历,则让她在生命的旅程中不断超越着自我。

达娜说:"如果我离开运动,我想我的生命就会停止。"

逐梦箴言

　　二手跑鞋,破烂不堪的设施,甚至差点死于非命。不过,还是有人走下去了,还是有人成功了。在不断抱怨客观条件有多差劲的时候,是否也该想想自己是否不够坚强?不是所有的路都会为你铺得平整,但你可以在路上留下深深的脚印。

知识链接

　　伊拉克遭禁赛事件:2008年5月,伊拉克政府宣布解散原伊拉克奥林匹克委员会,并成立由体育与青年部长负责的临时委员会接管原奥委会的工作。国际奥委会执行委员会则在同年的6月4日宣布:由于伊拉克政府对本国的体育运动进行政治干预,国际奥委会决定对伊拉克奥委会实施临时禁赛。

　　关于达娜:达娜的故事曾让美国的一名叫作劳拉的女律师倍受感动,她在《芝加哥论坛报》上读到了达娜的故事后,就一直想要为这个坚强的女孩做点什么。百般周折,劳拉终于设法联系上了达娜的侄女。劳拉为达娜邮了一双 New Balance 的跑鞋,还通过卡塔尔的一家银行给达娜汇去了参加北京奥运会的旅费。电话里,她对达娜说:"虽然我对体育了解不多,但我已经成了你的粉丝。"达娜勇往直前的精神让所有人敬佩,她曾被美国《时代》杂志评为北京奥运会上最值得期待的100名运动员之一。

抱歉，死神，我要去游泳
——马尔滕·范德韦登

"你以后再也不能游泳了！"就在那一瞬间，年轻的范德韦登才恍然体会到，天堂与地狱的距离，不过是一墙之隔。

已是一名游泳马拉松运动员的范德韦登在很小的时候，便在游泳方面表现出不俗的天赋，早在他十几岁时，就在家乡荷兰的阿尔克马尔成了家喻户晓的名人，这个身高2.05米的大个子曾在各种大大小小的游泳赛事上拿过奖牌，他看上去总是满面春风，精力充沛，未来对他来说就像一个绚丽多彩的魔方。可是，在他21岁那一年，医生的一句话将范德韦登对未来的憧憬打入了死牢，"你以后再也不能游泳了。"

范德韦登患上了白血病，他毫无征兆地陷入了病魔的尖牙利爪。持续的高烧和身体的种种不适接踵而至，这让年纪轻轻的他明显消瘦了下去，更加难熬的是心理上承受的巨大痛苦：整日躺在病床上，长期接受化疗，无法参加比赛，甚至连生活最简单的乐趣也无体会，范德韦登的心曾一度冰冷万分。

幸运的是他的姐姐每都天耐心地陪在他身边，照料他的生活，姐姐也给了范德韦登坚强起来的勇气。他曾说自己是受姐姐的影响才爱上游泳的，而就在所有人甚至包括他自己都认为游泳这件事已经在他的生命中被剔除了的时候，姐姐却轻轻攥着他的手，耐心地对他说："游泳的天赋是上帝送给你的礼物，可千万不要放弃啊！"

平时,在医院里,范德韦登无聊的时候便会拿起枕边的阿姆斯特朗自传细细品读,渐渐地,那本书的名字叫做《重返艳阳下》。书中描绘的故事给了范德韦登不小的鼓舞,有时候他也会望着窗外盛开的花,想着如果自己有一天能走出这间病房,去感受大自然的怀抱那该多好。病痛虽然带给了他无尽的折磨,但也同样给了他更多对生命的感悟,更给了他一颗无比强大的心脏。他开始相信自己,相信自己有一天一定能够远离这个苍白的地方,重返艳阳下!

慢慢地,将病情控制得相当稳定的范德韦登开始展开了小范围的活动,每天他都要进行一些慢跑训练,"我得恢复我的体能,我从事的公开水域游泳对于体力的要求太高了,我必须循序渐进。"这个男人即使在住院期间,也没有停止过对运动的渴望,在阿尔克马尔市区通往北海岸线的那条10公里道路上,范德韦登一个人奔跑着,他的身影那么高大,又是那么孤单。

病魔孤立着他,不愿给他任何喘息的机会。我想,病魔更不愿意看到的是接下来发生的一切:2004年范德韦登在25公里马拉松游泳世锦赛中赢得了第7名的成绩,紧接着在2005年和2006年,他在这个项目的成绩又稳步爬升至第6名,到了2008年,他竟然一举赢得了西班牙塞维利亚世锦赛的冠军!而在10公里项目上范德韦登的排名竟也上升到了世界第四。

马尔腾·范德韦登看着远处的海平线,轻声对自己说:"是时候了。"

2008年8月,一个高大的身影出现在了北京奥运会的游泳赛场,这人剃了个精神抖擞的大光头,脑门两侧是蓝色的彩笔写成的"NED"的英文字母,那是"荷兰"的缩写,这个大个子满面春风,精力充沛。

大个子在参加比赛时身姿矫健,他不声不响地紧跟着游在他前面的第一集团,而就在最后500米的时候,这个大个子忽然加速,他的冲刺如此之快,简直猝不及防,最后时刻,他超过了所有选手拿下了奥运会冠军的金牌。大个子浮出水面,那是范德韦登的面庞!

赛后,范德韦登接受记者采访,拉近镜头,人们才发现他头顶上有两个硬币大小的圆形伤疤,这两处触目惊心的痕迹是他在做化疗和骨髓移植时留下的，每当范德韦登说话或者喘气时，那两处伤疤竟然还会有微小的起伏，"这是我生命中的第一枚金牌。"

原来，范德韦登在夺取奥运金牌前，就已率先在和病魔的比赛中夺得了冠军，他乐观的心态和惊人的意志力让病魔力不从心，而来自家人的温暖和对梦想的坚持更让范德韦登遥遥领先，最终取胜。与这场精彩的角逐相比，似乎就连奥运比赛也黯然失色了几分。

"凡事得一步一步来，要有耐心，机会总会出现的，这是我在病房里学会的。"范德韦登心平气和地说着，"我从来没有想过一定要在奥运会上赢得些什么，因为我能够站在这里本身就已经是一种幸运。金牌不是我的信仰，而是我额外的收获，在我看来，能够从病中康复，我已经获得了人生第一枚金牌。"

骇人的疾病让范德韦登承受了无比的疼痛，但也给了他对于生命的感悟和一颗更加强大的心脏，但这样的收获并非每个人都能得到。它取决于在你和死神擦肩而过时，是满脸沮丧地言听计从，还是面带微笑的拒绝，范德韦登笑了，他对每一丝疼痛，每一份蛊惑坚决地说"不"！最终，他带着胜利回到了那片有阳光照耀的梦寐以求的水域。

逐梦箴言

拥有梦想是一件多么幸运的事，它能让你在身处绝境的时候感受到无限的力量，看见不远处的光明和希望。不是每一个人的梦想都能够实现，但追梦永远是一件快乐的事，你会在追求它的过程中变得愈发成熟、强大。后知后觉，你已来到了一片全新的，美妙的境地。

知识链接

荷兰体育：荷兰全称尼德兰王国，位于欧洲西北部，国土总面积 41864 平方千米，有"风车王国"的美誉。谈到荷兰的体育，最被人们所熟知的就是足球运动，这个国土面积不大的国家，却有层出不穷的足球运动员在国际赛场上驰骋，荷兰的足球素以天马行空的进攻和行云流水的配合见称，罗本就是其中的代表人物。在马尔腾·范德韦登夺得奥运金牌之后，他无疑成为了荷兰又一民族骄傲。

《重返艳阳下》：著名运动员兰斯·阿姆斯特朗的著作，这是一本广受读者欢迎，充满励志色彩的书籍，其中包括"癌症确诊前后"、"起点"、"我不会在门口挡住我妈妈"、"雪上加霜"、"与癌症的对话"、"化疗"、"基克"、"生存期"、"环法赛"、"麦片盒"、"再创奇迹"等十一个章节，情节扣人心弦，耐人寻味，是一本诠释了生命和奋斗的价值的著作。

游离死亡区

　　——埃里克·尚托

　　有时候,生命中有很多事情可以成为世界末日,但每当你为自己打开一扇门,一切又会有所不同。

　　2008 年 8 月,北京奥运正式开始之前,一名叫埃里克·尚托的美国游泳运动员,在本国的奥运游泳选拔赛上,击败了前世界纪录保持者汉森,取得了男子 200 米蛙泳比赛的亚军,从而获得了参加奥运会的资格。但鲜为人知的是,在这场选拔赛开始前不久,尚托已经被诊断出患有睾丸癌。当时,医生带着沮丧的表情望着尚托,建议他说:"你最好马上手术,但是一旦手术,你将无法去中国比赛。"无疑,在第一时间接受治疗是对自己生命安全最大的保障,如果把手术推迟到奥运结束后,或许自己的生命都要面临相当大的危机。

　　其实,早在尚托念高中的时候,就已经夺得了"全美游泳冠军"的称号,并且,他还获得了 4.0 的 GPA 满分。而在他念大学的期间,曾经 11 次获得全美冠军。还有什么比这更作弄人的呢?这个一头金发的大男孩,有着优越的天资,他也曾为自己的游泳梦而倾尽全力,可就当他有机会在世界最高赛场上证明自己、实现梦想的时候。这样的噩耗无异于晴天霹雳。坚持比赛,还是尽快手术?比赛?手术?这样的选择题一度在这个 24 岁的小伙子心里翻腾跳跃,让他久久不能平静。

　　"我想我要马上接受治疗,我还年轻,我才 24 岁。"

"是是是，但参加奥运一直是我梦寐以求的，而现在这个千载难逢的机会就在我眼前啊！"

"这个时候还有什么梦想可言，如果真的有不幸发生怎么办？你的生命就不重要了吗？！算了吧！"

"想想你训练时付出的那些汗水，想想你为了参加比赛而做过的一切，去吧！去参加选拔，参加奥运！你还等什么？证明自己，去告诉全世界你是谁，你做了什么！"

两个声音在尚托的心里争执不休。最后，尚托睁开双眼，关闭了它们。他决定隐瞒自己的病情，去参加比赛。

在选拔赛上一鸣惊人之后，尚托就开始全力为奥运作准备。而当他的身影出现在奥运男子 200 米蛙泳赛场的时候，他惊讶地发现，看台的上万名观众都在齐声高呼一个名字，那名字不属于千里绝尘的菲尔普斯，也不属于来自日本的"蛙王"北岛康介，他们齐声高呼："尚托！尚托！"

原来，尚托虽然有意隐瞒了自己的病情，但是他的一些不寻常的细微举动，却早已引起了那些和他朝夕相处的队友的注意——因为要去医院看病而训练迟到，训练时不经意的走神都显得让人怀疑。队友们得知他的病情后倍感震惊，也对尚托的决定十分钦佩。菲尔普斯说："我很激动他能和我们一起来北京，我们会互相支持，不论做什么！"而 41 岁的美国老将托雷斯，在知道消息后情不自禁地哭了起来，她说："我们要让尚托知道，我们都爱他，我们都支持他！"而现场的观众则更不用说，他们发自内心的掌声、叫好声已经快要将整个游泳馆淹没。

比赛开始前，尚托仍有一丝紧张，一丝忧虑。虽然他的实力已经十分出众，可他现在面对的，不光是来自世界各地的最优秀的游泳冠军，还有自己体内的癌症。其实，最有挑战性的对手无非是自己。他想起了妈妈对他说的：

"别让癌症吓倒你！"

发令声响起的一刹那，尚托的心中已然变得十分宁和。那一刻，他的世界是安静的，也是空荡的，他看不到任何人，也听不见任何声音，但是他感觉到了自由,感觉到了快乐,一股舒缓但是强劲的力量充斥了他整个身躯和心脏。他犹如一尾死里逃生的鱼,飞身跃起,钻入水中,就像往常一样,像他高中时一样,像他大学时一样,他在游泳,他尽情享受着包围着他的水带给他的自由和快感,他享受着游泳的美妙,他体味着冲刺时的勇猛。至于其它,早已不再重要。

比赛结束后,尚托游出的成绩并不出众,他名列第十,无缘决赛。但是观众们的呐喊声却比刚才更加热烈,更加真挚了。尚托已经赢了,他是这场比赛中最伟大的英雄。

"我已经完成了我的任务,我想参加奥运,我做到了。"尚托在接受采访时,脸上洋溢着满足的笑容,他不太在意结果如何,他为自己所做的一切感到骄傲,感到欣慰。他激动地说:"我一点也不为我的决定后悔,在过去的两个月里,我决定参加奥运并且为之努力。我过来了,而且,我很快乐。"

随后,尚托回到祖国接受了手术,他说:"有一场更大的战斗等着我去参加,我现在可以用我所有的能量去面对这场战斗了。"

目前,尚托的癌症已经被彻底治愈,健康的他再次踏上了自己追梦的旅途,在游泳场上接受着一个又一个的挑战。他也经常回望自己在患病时所做的一切,现在想来,那就像一场顶着暴风雨的飞行,而现在,他已来到了彩虹的边缘。

逐梦箴言

尚托的梦想实现了,我们并不提倡做任何事都要"将生死置之度外",这是不理智的。可是,当期待已久的机遇就摆在眼前的时候,还是有很多人选择了勇往直前,在自己的能力范围之内尽力去为梦想奔驰,也是许多懦夫都无法理解的事。

知识链接

世界大学生运动会：世界大学生运动会共由三大赛事组成，它们分别是：世界大学生夏季运动会、世界大学生冬季运动会和世界大学生体育锦标赛。世界大学生运动会是国际大学生体育联合会主办的世界性综合运动会，有"小奥运会"之称，历届都有十分优秀的大学生运动员在此崭露头角，为世界体育界培养了数不胜数的出色运动员。著名的田径运动员杰西·欧文斯、刘翔等都参加过这项赛事。

达拉·托雷斯：美国著名女游泳运动员，之所以被称为"妈妈级"是因为 1967 年出生的她如今已有 45 岁的"高龄"，但她在 2008 年美国选拔赛夺得 50 米自由泳、100 米自由泳金牌后，参加了北京奥运会，这是她第五次现身奥运赛场。她同时也是美国游泳史上年龄最大的队员。这位"妈妈级"的运动员，曾是世界纪录保持者，现在仍然是美国 50 米和 100 米自由泳纪录的保持者。在 2007 年的世界排名中，托雷斯在 50 米自由泳中排名第四，100 米自由泳中排名第八。

● 智慧心语 ●

梦是心灵的思想,是我们的秘密真情。　　——杜鲁门·卡波特

人生的价值,并不是用时间,而是用深度去衡量的。

——列夫·托尔斯泰

古之立大事者,不惟有超世之才,亦必有坚忍不拔之志。

——苏轼

大丈夫行事,论是非,不论利害;论顺逆,不论成败;论万世,不论一生。

——黄宗羲

理想之于梦想的区别,前者,是在现实中梦幻,后者,是在梦幻中现实。我们的梦想,往往取材于别人的现实,别人的现实,往往只是我们的梦想。

——周立波

不是每个人都应该像我这样去建造一座水晶大教堂,但是每个人都应该拥有自己的梦想,设计自己的梦想,追求自己的梦想,实现自己的梦想。梦想是生命的灵魂,是心灵的灯塔,是引导人走向成功的信仰。有了崇高的梦想,只要矢志不渝地追求,梦想就会成为现实,奋斗就会变成壮举,生命就会创造奇迹。

——罗伯·舒乐

要用你的梦想引领你的一生,要用感恩、真诚、助人圆梦的心态引领你的一生,要用执著、无惧、乐观的态度来引领你的人生。

——李开复

第三章

破茧与涅槃

林书豪

◦导读◦

　　他们曾经无人问津，相比那些光芒闪耀的明星，他们更像是一颗颗被外壳包裹住的珍珠。质疑、贬低甚至是歧视的话语像锤子子一样不时地敲击着他们的耳鼓，这曾让他们一度承担着疼痛的折磨，波涛汹涌的命运之浪曾险些将他们打入海底。可是，唯有更多的磨砺、更多的疼痛才能让他们破茧成蝶，所以他们隐忍、不屈，磨练意志，等待时机。终于，他们冲破了重重包裹，飞上天空。那一刻，所有的目光都聚集在他们的身上，人们纷纷惊叹道："这是世界上最美的珍珠。"

　　在运动领域，曾一度被埋没的运动员不胜枚举，他们有的无法承受巨大的压力而选择了退出，选择了放弃，另一些人，则在慢慢学着化压力为动力，坚持不懈地前行，后来，他们都毫不例外地成了出人头地的伟大选手。

关于零的秘密
——吉尔伯特·阿里纳斯

还记得那条经典的阿迪达斯球鞋广告吗？画面刚一亮起，一身灰色运动服的吉尔伯特·阿里纳斯手拿水性笔在玻璃上画着漫画，漫画中的主角正是卡通版的自己，他一边画，一边对观众们说："大家好，我叫吉尔伯特·阿里纳斯，这是我的故事。我刚进入 NBA 时，职业生涯的前 40 场比赛，是在板凳上度过的。他们说我会将板凳一坐到底，我想他们并没有看到我的天分！我觉得我就是个'零'，一无是处。"

我们知道后来的阿里纳斯成为 NBA 中首屈一指的超级巨星。而这个曾经名不见经传的"边缘人物"始终是穿着零号球衣在球场上奋战的。关于他的球衣号码为什么是零号，这里有一个小故事。

当时，还是个高一学生的阿里纳斯喜欢打篮球，但他在篮球队中表现平平。而他的教练不知出于怎样的居心，竟冷冷地讽刺了阿里纳斯，他说："你永远不可能进入大学打篮球。"

不成想，这句话却成了阿里纳斯生命的转折点，由平凡转向伟大的转折点。

他从小就是个追求完美的男孩，他本可以不去在意别人说过他什么，可是，本来没想过走上职业篮球道路的他，却选择了在那个学期的暑假投入到了魔鬼训练中去。

每个清晨，他第一个来到球场，用一整天的时间泡在那里，和不同的人单挑、组队比赛。天色变暗的时候，其他人都离开球场，只有他自己仍不肯走，不知疲倦地练习着他能想到的一切可以让自己取得进步的技巧。为了加大训练量，他甚至废寝忘食，投入自己全部的体力和精力去寻求突破。每个看到他练球的人，都半开玩笑地说他是个疯子。

这个"疯子"在暑假过后因事转入了另一所高中，一整个夏天的付出，让本来成绩平平的阿里纳斯成了这所高中的首发球员，三年里，他在高中联赛中平均每场拿下 29.8 分，这是名副其实的明星数据。所有对手都对阿里纳斯的能力心存忌惮，而最倒霉的要属他高一时的那个教练，阿里纳斯每每在全国的联赛中遭遇那个教练率领的球队，他就会像被注射了了兴奋剂一样全力爆发，用最耀眼的表现带领自己的球队取胜。

你可以说阿里纳斯是在记仇，但他就是擅长用别人对他的贬低和讥讽作为动力，最后取得成功。他曾坦言说："我甚至喜欢别人贬低我、怀疑我，因为那样我就可以爽快地把那些怀疑扔回到他们脸上。"

无独有偶，进入大学之前，阿里纳斯再度遭到冷眼和嘲弄，一些篮球评论员和媒体预测说："也许他已经做得很好了，好到可以坐在大学篮球比赛的替补席上。也许他能得到零分。"阿里纳斯面对这些尖锐的话语，并没做出什么强烈的反应，但他再次把这些话记在了心里。进入大学后，阿里纳斯马上更改了自己的球衣号码——他选择了零号。他要时刻提醒那些评论家们，不要忘记他们说过的关于"零"的评论。这一次，身着零号的阿里纳斯进入大学后，用自己抢眼的表现证明了自己，作为球队头号得分后卫的他大放异彩，并率领自己的球队在 NCAA(全美大学生篮球联赛)中获得了亚军。虽然他自己对这样的成绩还有些不满足，但他的表现已经给了那些评论员们迎头一击。

后来，阿里纳斯在 2001 年的 NBA 选秀中，以第二轮第 31 位的超低排名被金州勇士队选中，初入联盟的他并不受到重用，除了跟着球队训练，就是帮球队里的大牌球星扛行李、提鞋子，到了比赛的日子，教练也从不安排阿里纳斯出场，作为一名正式的 NBA 球员，他却只能坐在场边为出场比赛的队友呐喊助威，陪伴他的只有替补席上同样孤单的饮水机。

或许以他当时的实力，还不足以在高手如云的NBA赛场上成为焦点。可是，仅仅一个赛季后，阿里纳斯就从"饮水机守护者"摇身一变成为了勇士队的先发主力，出场职业生涯最多的82场比赛，平均每场比赛还能为球队取得平均每场18.3分，4.7个篮板，6.3次助攻和1.5次抢断，被官方评为当年的"NBA年度进步最快球员"。接下来的几个赛季他更是稳步前进，直到2005—2006赛季，他更是80次成为球队先发，平均每场获得职业生涯最高的29.3分，这样的个人成绩让他在所有NBA球员中名列第四。那一年，我们看到的最多的是，这个曾经名不见经传的男人在顶尖男篮赛场上和一个又一个巨星分庭抗礼而且毫不手软，他投中的一个又一个超远三分球让观众叹为观止，也无数次把自己的球队从落后带向最终的胜利，阿里纳斯一跃成为那个年代中NBA最为炙手可热的明星球员。

很多人为阿里纳斯的成功表示感叹，说这是个名副其实的励志故事。而他们所知道的，或许只是这个男人随心所欲的远投命中和他拯救球队后所得到的雷鸣般的掌声。而他们不知道的是，却是他在高一的那个夏天，凌晨四点悄悄翻墙进入附近的学校篮球场练习投篮时的睡眼惺忪；不知道的是他进入NBA后，和他打交道最多的人，竟是负责管理球队训练场管钥匙的助教，他会在很多个深夜去帮阿里纳斯打开训练馆的大门；不知道的是，已经成为NBA巨星的他在一场得到27分6个篮板球6次助攻的比赛之后，因为对自己的表现不满而辗转反侧，后来干脆从床上爬起来跑到球馆去训练时的发奋劲儿。

他是个追求完美的男人，他追求的完美甚至有几分偏执，但他更是个勤奋的男人，让我们来把那个关于他的广告说完吧，广告的后半段，漫画版的阿里纳斯投出了手中的篮球，那个篮球在空中划出了好看的弧线，并进入了篮筐，旁白则接着叙述道："我觉得我就是个'零'，简直一无是处，但我没有坐在那里怨天尤人，而是不停地训练、训练。在没有人信任你的时候，你的任何努力都会为自己加分。这已经不是我能否打好篮球的问题了，我要证明他们是错的。为什么我的球衣是0号？因为我要提醒自己，每天都要全力以赴！"

逐梦箴言

并非只有备受瞩目才叫成功，能为你所爱的事情全力以赴，何尝不是一种幸福。每个人享受快感的方式都不尽相同，对成功的定义自然也是众说纷纭，不要被世俗的言语冲昏了头脑，做你该做的、想做的。不过，一旦有人看低你、不尊重你，你曾经的积淀就决定了你还击的强度。

知识链接

阿迪达斯：阿迪达斯（adidas）是德国著名运动品牌。它由德国人阿道夫·达斯勒创办，1920年于黑措根奥拉赫开始生产鞋类产品。阿道夫·达斯勒（Adolf Adi Dassler）先生，不仅是一名优秀的运动员，更是一个手艺精湛的鞋匠，因为如此特别的身兼两职，让他对运动员的需求与喜好充分了解，以此为理念设计运动产品。达斯勒是无疑是一个鬼才，他一生中发明了七百多种与运动有关的专利产品，从而逐渐创造了阿迪达斯的运动产品世界。如今，阿迪达斯已经从最开始的一家小小的运动产品制作商发展成为在世界范围内享誉盛名的运动产品公司。

NCAA：National Collegiate Athletic Association（美国大学体育总会）的缩写，它是由全美千百所大学所组成的一个协会。共包括篮球、足球、棒球、垒球、拳击、击剑、田径等37个不同的体育项目，而NCAA的篮球比赛，是美国大学篮球界最备受瞩目的赛事。迈克尔·乔丹、阿伦·艾弗森等不胜枚举的NBA球员都是通过这项联赛的历练而逐渐走向成熟并终成一代巨星的。每年的NCAA篮球总决赛，都会吸引千万人的眼球，甚至比NBA联盟的赛事更加火爆。北卡罗莱纳大学篮球队、杜克大学篮球队都是NCAA篮球赛中的劲旅。

洛杉矶凌晨四点的样子

——科比·布莱恩特

科比·布莱恩特，一个耳熟能详的名字，在迈克尔·乔丹之后，他当仁不让地成为 NBA 中乃至世界上最具影响力也是最具代表性的篮球运动员。他天下无双的球技，坚忍不拔的意志让万千球迷敬仰。科比虽然少年得志，但在他通往成功的道路上，每一步却都迈得比常人更加艰辛，荆棘密布的墙壁曾太多次将他逼入绝境，而科比则用汗水融化了所有阻碍，破茧成蝶，让人们得见他最美丽的翅膀。

很多人将科比定位成"天才"，这是有理有据的。进入 NBA 之前，科比就读于宾夕法尼亚州的劳尔梅里恩高中。在他的高中联赛里，科比已经表现出了无人可挡的王者风范，他可以在距离篮筐八米左右的位置投中一个又一个三分球，也可以用娴熟的运球和灵活的身躯闪过重重防守，最后飞身一跃，在空中顶着对方强悍的防守球员把篮球硬生生地塞进篮筐，他也可以在乱军从中临危不乱，送出让人意想不到的助攻。这样的身体素质和篮球技巧是其他高中生们望尘莫及的，在当时，只要科比率领的球队出现在高中联赛的赛场上，那么其他的高中球队似乎就等于被宣判死刑。在科比高中的最后一年，他更是率队取得了惊人的 31 胜 3 负的战绩。面对这样一个对他来说毫无挑战可言的篮球世界，科比经过深思熟虑之后，作出了"进入 NBA"的决定。

当时是 1996 年，少年得志的科比被 NBA 选中了，年仅 17 岁的他成为

NBA有史以来最年轻的新秀(这个纪录直到9年后的2005年才被安德鲁·拜纳姆打破)。在职业男篮这样的领域里,17岁的少年实在是太少见了,和科比同年进入NBA的其他球员,平均年龄在21岁以上,他们当中的大部分都是经历了竞争更加激烈的大学联赛以后进入NBA联盟的,这样的对比很清楚地证明了科比在职业生涯初期所做的,实际上是一场场未成年人和成年人的较量,而且,请你不要把那些"成年人"当作是泛泛之辈,1996年的NBA新秀们就是后来被称为"黄金一代"的那批人,他们当中没一个人是好惹的,从阿伦·艾弗森到史蒂夫·纳什,再到雷·阿伦和马布里等等,哪个不是势如破竹般的初生牛犊?这些人在之后的十多年的时间里,一直主导着NBA的走向,全都成了令人生畏的球坛霸主。从另一方面来看,科比在高中时代那引以为豪的身体优势和精湛的技巧,在进入世界顶级联盟之后,所面对的是更多球技优秀、身材强壮的高级球员,曾经那鹤立鸡群的天赋在这样的一个领域里,已经显得不再那么出众。这更加意味着,科比所要走的职业道路是充满艰难险阻的。

科比的第一年走得就并不轻松,他得到的出场时间有限,一直在为球队里的另外两个后卫打替补。可是,就当球队进入拼杀异常激烈季赛以后,这个"菜鸟"却做出了"惊人之举"——在第一轮对阵犹他爵士队的最后一场比赛里,科比在关键时刻竟然投出了三个"三不沾"。他先是投丢了可以帮助球队制胜的一球,而后来又在加时赛里连续投失了两个可以帮助球队扳平比分的投篮,最后葬送了球队的胜利。

如此让人匪夷所思的"失误表演",对于一个职业球员来说是难以想象的。媒体的口诛笔伐和球迷的质疑,一瞬间把这个大男孩推到了风口浪尖上,轻者说这是年轻球员缺乏经验的表现,不应对这样的球员委以重任。更有说这个被称为"天才"的科比,只不过是徒有其表而浪得虚名,说湖人队的管理层选择科比就是个愚蠢的笑话。如此尖锐的话语充斥着科比每天的比赛、训练,这对初来乍到的他来说无异于迎头痛击。然而,同是NBA巨星的沙奎尔·奥尼尔在几年后却这样评价说:"他(科比)是唯一敢在那种时刻采取那种投篮的家伙。"

不过，再大的错误也有被淡忘的时候，科比的表现也不会总是不尽如人意，他凭借着出色的基本功和刻苦的训练取得了十分可观的进步，让人们渐渐释怀了他曾给球队带来的挫败。而真金不怕火炼，在职业生涯的第三年，科比更是火速上位，成了当时公认的"联盟顶尖后卫"中的一员，虽然他年纪尚轻，有些时候会表现得不够成熟，但他日臻成熟的进攻技巧和对比赛的积极态度每个人都看得到，他几次出现在由官方评选出的"NBA最佳阵容"和"NBA最佳防守阵容"当中，这是很多年轻一辈的球员求之不得的，科比的职业道路，终于开始越走越顺了。

之后的两年里，随着传奇教练菲尔·杰克逊和内线霸主"大鲨鱼"沙克·奥尼尔的加盟，湖人队如虎添翼，这支球队在接下来的三年中称霸了整个NBA，取得了三连冠。一时间，科比和奥尼尔的"OK"组合声名鹊起，被人们视为最具统治力的一对搭档。然而，所有人都知道，这对王牌组合中，奥尼尔是主，年轻的科比是辅，如果没有奥尼尔的存在而让科比一人率领球队，那湖人队会打成什么样还是个大大的问号。天意弄人，这个大大的问号很快就在2004年的7月打在了科比的身后——奥尼尔因为和球队管理层的分歧以及合同问题离开了湖人队，这让湖人队的整体实力锐减，而25岁的科比从此也必须要一个人扛起球队的大旗了。

一个人的日子，是辛苦的，更是孤单的。那时的科比，是湖人队中唯一一个可以独当一面的球星，他深知自己处境艰难却任重而道远。训练时，科比卖尽力气将自己浸泡在球场里挥汗如雨，比赛中，他更是使出浑身解数冲锋陷阵，他企图用自己全部的力量去支撑起这支已经被削弱了的球队。于是，那些赛季里我们看到了太多科比精彩绝伦的表演，多年的苦练让那时的他已经近乎所向披靡，一个又一个高难度的后仰跳投让防守者连碰触到他身体的机会都没有，一个又一个失去重心后的空中作业让人以为他是乔丹附体，一个又一个又一个匪夷所思的控球表演甚至可以连续过掉对方所有的防守球员。可是双拳难敌四手，独木难支的科比甚至做出过单场得到81分这样前无古人、后无来者的表演，可是球队的战绩却始终没有过太强的突破。

对科比的质疑从来都没有烟消云散，如今，那些质疑又再次拨开云雾，

"科比的三座冠军奖杯是抱着奥尼尔的大腿得到的"、"他被高估了"、"湖人队的毒瘤",前NBA球星查尔斯·巴克利甚至作出"我奶奶和奥尼尔一队,也能拿总冠军!"这样的评价。

但他们忘了,科比最擅长的就是抵抗压力,从未说过一句反驳的话的他所作出的回应只有一个——加大自己本来就已经十分繁重的训练量,增强自己的实力。

科比的训练,完全可以用"恐怖"二字来形容。本来,球队的训练课程就已经十分紧密了,每天都要进行的训练项目不计其数,大到球队整体的战术练习,小到个人力量训练、体能训练、弹跳能力、平衡能力、肌肉、弹跳训练等等,完全不比一个学生要在学校里边修行的文化课少。再加上高强度、高密度的比赛,一个球员每天需要消耗的体力和精力已经近乎人体的极限,但科比偏偏就要在这种状态下突破极限,为自己制定更加严谨、繁重的练习计划。每天,他第一个来到训练场,最后一个离开。每一年的赛季结束后,面对近半年的超长假期,其他球员或许会开着豪车出没于各种娱乐场所,科比却从未懈怠,他把这样大块的时间全部利用起来,训练、训练,还是训练。俗话说"熟能生巧",一件做起来十分棘手的事情,当你做过一千次、一万次以后,它也会变得手到擒来,其实打篮球也是一样的道理,而科比在训练中所重复的那些投篮、运球又何止千次万次?

精益求精的科比经过日复一日、年复一年的磨砺,个人能力已经达到了前所未有的顶峰,他的进攻变得更加丰富、犀利、稳定,而对比赛的解读,科比也有了更深刻的认识。机会只留给有准备的人,此时的湖人队因为引进了明星中锋保罗·加索尔、召回球队功臣德里克·费舍尔等强力球员而实力大增,在科比的率领下,一群好汉披荆斩棘,终于在2008-2009赛季以及2009—2010赛季两度夺取NBA总冠军,成为名副其实的"世界第一"。而科比在饱受质疑的岁月里所获得的一切荣誉,也在崭新的冠军奖杯的衬托下显得更为光彩夺目。

历经17个挥汗如雨的年头,今天的科比从年少轻狂的新人到技艺高超的巨星,再到一手创建新王朝的联盟霸主,他终于用行动击碎了所有质疑声。

在一次采访中,记者问科比说:"五座 NBA 总冠军奖杯、两届 NBA 总决赛最有价值球员、一届NBA常规赛最有价值球员、四届全明星赛最有价值球员,你曾获得数不尽的荣誉,奉献过令人瞠目结舌的篮球表演,受到无数球迷的崇敬与爱戴,是 NBA 联盟中独一无二的王者。你成功的秘诀是什么?"

科比意味深长地舒了一口气,反问记者:"你知道凌晨四点的洛杉矶是什么样子吗?"

"不,我不知道。"

"我知道每一个凌晨四点的洛杉矶的样子。"

逐梦箴言

每一个伟人的背后,都有让人钦佩的勤勉,这份勤勉是充满魅力的,当你看到一个人为他的梦想全力以赴甚至孤注一掷的时候,你同样会领略到其中的魅力所在。要记得,这份魅力你也可以拥有。

知识链接

洛杉矶湖人队:洛杉矶湖人队原名明尼阿波利斯湖人队,它于 1948 年加入 NBA 联盟,于 1960 年搬迁到了洛杉矶。自从加入 NBA 以来,湖人队就开始在联盟中翻云覆雨,它曾 16 次获得总冠军,而且历代都有层出不穷的传奇巨星:乔治·麦肯,威尔特·张伯伦、贾巴尔、埃尔文·约翰逊、沙克·奥尼尔、科比·布莱恩特等都是这支球队中光芒四射的星中之星。主场队服由紫、金两种颜色组成的湖人队,因其几十年如一日的超强统治力而被称为"紫金王朝",它至今仍是 NBA 中的一支豪强。

我的未来不是梦

生命骑士

——兰斯·阿姆斯特朗

　　兰斯·阿姆斯特朗出生于得克萨斯州一个位于达拉斯北边的城镇,他的母亲在 17 岁时就生下了他,而他的生父在他两岁的时候就离开了他们母子俩。而兰斯则由母亲不辞辛劳地一手带大。也许正是因为这样特殊的成长环境和母亲无私的爱,才造就了兰斯身上那份异于常人的坚韧。

　　从 14 岁时就开始,兰斯就开始从事铁人三项运动,很快,这位少年就在自行车方面展现出了非凡的天赋。17 岁时,兰斯接到了美国国家青年自行车队的训练邀请。经过了一番波折,他终于在挪威奥斯陆独自拿到了自己职业生涯的第一个冠军——国家公路自行车赛的冠军。兰斯还因此收到了挪威国王的接见邀请。可是,当他得知这份邀请并不包括他的母亲在内时,他选择了断然拒绝。他说:"我和母亲是一起长大的。在我面前没人可以无视我的妈妈,即使那人是国王。"

　　然而,兰斯身上的优良品质不仅有百善为先的"孝"字,我们说过,他还是一个异常坚韧的男人。1996 年 10 月 2 日,一个噩耗从天而降——兰斯被诊断出患有睾丸癌,而癌细胞已经扩散至他的肺部和脑部。很多医疗专家断定他的生存几率不会不超过十分之一,可是好心的医生在通知兰斯这个消息的时候,还是告诉他:"你有一半的希望可以活下去。"

　　病情逐渐恶化,12 个致命的肿瘤占据了兰斯的脑、肺和腹部。医生决定动用大剂量的博来霉素来抑制病情,但这样会对兰斯的肺部造成极大的伤害,这也同样意味着,无论治疗成功与否,兰斯都将永远地告别他心爱的自行车赛场。

兰斯当然不会让这样的事情发生，虽然身处绝境，但他无时无刻不在思念着他心爱的运动，他相信自己一定能够好起来，相信自己有一天可以重新回到赛场。而为了保证自己的身体还能在有一天继续承担高负荷的运动，兰斯选择了更为艰难的治疗手段，在手术切除右睾丸和脑部损坏部分之后，他还在印第安纳医科大学进行了一系列苛刻化疗。而这给他带来的则是皮肤内烧伤——一种常人难以忍受的撕心裂肺的痛。在疼痛发作的时候，兰斯曾觉得生不如死，他甚至因为疼得感到全身麻木而想过要尽快结束自己的生命，但他还是挺过来了。每一次，在剧烈的痛苦当中，兰斯都咬牙坚持着，"我可以重返赛场，继续在艳阳下飞奔"，兰斯不断地对自己重复这样的话语。

帮助兰斯渡过难关的，还有家人的爱，他的母亲始终陪伴在儿子的身旁，她如同照看一个初生的婴儿般对兰斯每日的起居细心呵护，母亲无微不至的关怀，让兰斯感到了无限的温暖。

接受治疗的过程中，坚强的兰斯仍不愿虚度光阴，在曾经的赞助商的协同下，他创办了"兰斯·阿姆斯特朗基金会"，他还和妻子一同着手策划了"玫瑰自行车比赛"。1997 年 3 月，这项比赛首次举办，就为基金会筹办了 20 美元。如今，"玫瑰自行车赛"已经成为了世界上最大的自行车公益比赛。

兰斯在这期间经历了不懈的努力和痛苦的挣扎，除了勇敢地与病魔抗争，他还竭尽全力投身于公益事业的策划当中，做了许多有意义的事。也许上天是被这个不屈的男人感动了，一年过后，兰斯成功地从死神的掌心里成功逃脱了！他的病情痊愈了！

大病初愈的兰斯，没有浪费一分一秒，他开始了恢复性训练，并把自己投身于自行车比赛当中。这是一个曾被烈焰灼伤的男人，他梦想却比火焰更炙热——环法自行车赛。这不是一项普通的比赛：它始于 1903 年，是目前世界上历史最悠久、最权威的大型自行车赛事，同时也被称为"最艰苦的体育比赛"，该赛事共分 21 个赛段，要历时 3 个星期，选手必须骑过 3200

公里的路程才能到达终点。这是铁人的运动,男人的选择。刚刚战胜了癌症的兰斯,就是要挑战这段艰难旅程,"德克萨斯公牛"的绰号不是浪得虚名的。倔强的性格,坚韧的意志,这才是兰斯·阿姆斯特朗。

癌症和一年多未参加比赛的空档让兰斯的竞技能力有了不小的下降,而兰斯丝毫不为此担心,他认为一切都可以重新开始。

经过一场疾病的洗礼,曾在生与死之间挣扎的兰斯已不再是昔日那个满心戾气的新人,他的性格中多了一份成熟,他的风格中多了一种稳健,他开始悉心研究战术,他用更细腻的方式控制自己的发力。兰斯循序渐进,他在阿尔卑斯山和比利牛斯山中进行艰苦的强化训练,顶着烈日也好,筋疲力尽也好,他为此放弃了数十次参加国际大赛的机会。他的眼中,只有环法赛!

1999 年,兰斯·阿姆斯特朗回来了! 他第一次在环法自行车赛上摘得桂冠! 这也是美国人第一次在这项铁人赛事中夺冠。为此,耐克公司特派出专机迎接兰斯的归来,纽约市长出席了招待会,而华尔街则请兰斯去敲响交易所大钟,兰斯回国的那一天,万人空巷。上百万市民一齐为这位英雄振臂高呼。他们欢呼的,不仅仅是兰斯在赛场上取得的好成绩,还在赞扬这个男人的勇敢顽强精神。

兰斯的奇迹继续上演着,从那一年开始,兰斯连续拿到了 7 次环法大赛的冠军,成为了名副其实的环法之王。这其中,除了 2003 年和 2005 年,兰斯在夺冠时的最终领先对手的时间都超过了 6 分钟! 他还曾在强忍胃病疼痛的情况下坚持比赛,最后领先对手 4 分 40 秒夺冠。七次总冠军中,还包括 22 次分站赛冠军。他还在环法赢过 11 次计时赛,并且带领车队赢得 3 次车队计时赛。

2004 年,兰斯在第六次登上环法冠军领奖台的时候,美国总统布什特意打开越洋电话表示祝贺,他激动地对兰斯说:"你真是令人敬佩!"

2005 年 7 月,兰斯夺得了环法赛事上首个"七连冠",并宣布退役。这个曾被认为"活不过明天"的男人,用自己铁一般的意志和对梦想的执着,走出了死亡,走向了光明,他取得的功绩,不光是体育道路上的一颗永恒明亮的星,更是生命道路上至高无上的荣耀。

如今,兰斯已经走下了车坛,他把心思都投入到了抗癌基金会和"玫瑰自行车赛"中,他用自己的方式帮助那些曾和他一样忍受着病痛折磨的人,全身心地投入到了造福人类的公益事业当中。在一次采访中,谈起以前的得病时的经历,兰斯并没有滔滔不绝地讲述任何他忍耐过的疼痛,他只是颇有感触地说:"癌症不是死亡的一种形式,而是生活的一部分。"

逐梦箴言

磨难并非只能给人痛苦,经过烈火的雕琢,金子才会发出最为耀眼的光芒。人也是如此,面对突如其来的晴天霹雳,勇敢走下去,坚信自己会成功,是一种品格。这样的品格会让你成为涅槃的金凤,一旦你可以走出来,你将会被赋予极其强大的力量。

知识链接

铁人三项运动:是一项新兴综合性运动竞赛,它由天然水域游泳、公路自行车、公路长跑三个项目按顺序组成。2000 年,铁人三项正式被列为奥运会项目。该项目在美国的夏威夷诞生,后来逐渐在澳大利亚、新西兰、西班牙、法国、英国、日本、中国等国家广泛开展。这是一项刺激性、挑战性兼备的运动,从技巧、耐力、意志力等各个方面考验运动员的综合素质。

我是一个篮球手

——林书豪

2012 年最火爆的新闻是什么？流行音乐之王迈克尔·杰克逊的三周年祭典？伦敦奥运会的开幕？还是传说中世界末日的降临？都不是。最火爆的新闻只是一个简单的中文名字——林书豪。

准确地说，林书豪的爆红历程是从 2012 年 2 月 4 日开始的。那一天，在对阵新泽西网队的比赛中，这个曾一直被"雪藏"的华裔小伙儿终于得到了证明自己的机会，他毫不客气地砍下了 25 分、7 个助攻、5 个篮板，帮助球队获得胜利，让所有人为之惊叹。要知道，在被黑人和白人统治的世界顶级篮坛当中，亚裔球员的生存空间是极其狭窄的，且不论这些球员究竟实力如何，他们甚至连出场比赛的机会也难以得到，这就好比一个杀手还没等到执行任务，就被夺走了武器，实际上这是一种极其强烈的偏见。林书豪本也是这些"杀手"中的一员，可谁也没想到，第一次被委以重任他就打出了明星级别的表现，这样的消息不光令广大华人球迷为之热血沸腾，更等于给了 NBA 篮坛一记响亮的耳光。

随后，不屑地以为这是"昙花一现"的人们再次因林书豪目瞪口呆：

2 月 7 日，林书豪又一次贡献出了 28 分、8 个助攻、2 个篮板、2 次抢断的豪华数据，带队战胜了犹他爵士队，而其中得分和助攻两项数据均为他的个人职业生涯新高。

4 天后的 2 月 11 日，面对联盟霸主湖人，林书豪毫不手软地豪取 38

分、7 次助攻,再次创下生涯新纪录,并让自己的球队结束了"对湖人队的 5 年多不赢球"的尴尬局面。比赛中,林书豪强悍的进攻让科比也颇感头疼,在赛后采访中,科比无奈地说:"还有什么好谈的,他都快得到 40 分了。"

奇迹继续上演,几天后,在对阵猛龙队的比赛仅剩最后一分半钟的时候,林书豪率领的纽约尼克斯队仍然落后 5 分之多,此时,我们的"无名杀手"再次出马,他先是冲锋陷阵,后以一记"2+1"追平比分,直到终场前 0.5 秒,他竟在篮筐外 8 米处出手,命中三分球并绝杀对手。疯了,所有人都为这样的一幕表现出了难以抑制的疯狂,如此强劲的表现哪里比任何一个 NBA 超级巨星差劲?林书豪的队友们全都飞奔到场内,争相拥抱这个黄皮肤的年轻人,就连球队的教练也忍不住仰天长啸,现场的观众扯破了嗓子呐喊,电视机前的球迷跳了起来,激动得叫出了脏话以抒发心中酣畅淋漓的感情。

那一刻,整个世界都为林书豪疯狂了,在卡梅隆·安东尼和斯塔德迈尔两名超级球星因伤缺阵的情况下,这个被教练"无奈派遣"的无名小卒竟瞬间化身成了星中之星,带领球队连赢七场,这甚至比那两名巨星尚在队中时的战绩更加出色。而职业生涯头五场首发共得 136 分的林书豪,则一跃成为 1974 年之后 NBA 之最,并获得"NBA 东部周最佳球员"的称号。曾对林书豪视而不见的人们如今都成了他的铁杆粉丝,他们给这位杀手取了霸气的绰号:林来疯、零输豪。

一时间,林书豪的名字被传遍大街小巷,窜上各大新闻媒体头条,在中国,他更是成了家喻户晓的"民族英雄",不知"迈克尔·乔丹"为何人的三姑六婆如今也都认识了这个帅气的小伙子。不得不说,林书豪为我们上演了一出属于黄种人的奇迹。

其实,在林书豪成为"英雄"之前,我们并不是不知道有这样一个人的存在,他是一位美籍华人,虽然国籍不同,但他的黄皮肤、黑眼睛很容易引起人们的关注,尤其是在中国人的眼里。林书豪自己曾说过"篮球是一项属于白人和黑人的运动。在美国,一名亚裔美国篮球运动员是不受人尊重的。"

大学期间，林书豪就已经是小有名气的球队领袖，这位哈佛的经济学学生表现不俗，带领他的球队打出了不错的战绩。可是，在他刚刚进入校篮球队时，因为肤色问题，却经常被异样的目光所包围。2007年夏天，林书豪参加旧金山的Pro-Am夏季联赛，当他走进球馆开始热身时，却有工作人员跑过来提醒他说："这里举行的是篮球比赛不是排球"。当他在客场打比赛时，一些不友好的声音甚至会说："滚回中国去吧。"然而，林书豪却成为了第一位拿下1450分、450个篮板、400次助攻以及200次抢断的常春藤联盟球员。当他从哈佛大学毕业时，他也成了为哈佛出战115场，成为出场次数最多的球员，而他1483分的总得分则排在哈佛历史第五位。

进入NBA后，第一个选中林书豪的是金州勇士队，虽然林书豪为此兴奋了很久，但他职业生涯初期得到的出场机会却少得可怜，大部分时间，他只能做一个"饮水机守护员"，他还三次被下放到NBA发展联盟，不久后，林书豪被交易到休斯顿火箭队，而他还没等为火箭出过一次场，就又被扔给了纽约尼克斯。就是这样一个人见人弃的"地摊货"，最终却在球场上大放异彩，成了让人喜出望外的超级新星。不鸣则已，一鸣惊人的书豪，无疑是NBA最让人惊喜的球员。

可想而知，这个小伙子的篮球之路走得有多么艰难，他一步步走到今天，又是多么不易。但林书豪从未因此怨天尤人，他只是勤勤恳恳地训练，努力寻求进步。他说："比起华裔，我更多地将自己视为一名篮球运动员。"这样的话，似乎让我们想起了《灌篮高手》中的天才樱木的那句"因为我是一个篮球手"，这是个多么朴实的词汇，又是多么干净的意念，而正是凭借着这份对篮球纯净的热爱，林书豪才走到了今天。

逐梦箴言

没有谁一开始就能功成名就，"天上掉馅饼"这档子事，从来就没发生过。在最初的晦暗和挣扎中，乐观和坚韧将会是你最好的帮手，只要努力，你就一定可以成功，而成功降临在你身旁的那一刻，曾经再多的不堪，也都变得不值一提，再多的痛，也都变得物超所值

知识链接

NBA **发展联盟**：简称NBDL，是NBA Development League的缩写，它始建于2001—2002赛季，初期只有来自弗吉尼亚州、北卡罗莱纳州、南卡罗莱纳州、阿拉巴马州和佐治亚州的8支美国东南部球队参加。NBDL隶属于NBA，作为"二级联盟"被视为 NBA 的人才储存库。NBA 的任何球队都可以在自己的发展联盟球队中选择球员进入 NBA，也可以将自己队中一些需要更多历练的球员下放至 NBDL 进行更多的训练。

● 智慧心语 ●

累累的创伤，就是生命给你的最好的东西，因为在每个创伤上在都标示着前进的一步。
——罗曼·罗兰

困难与折磨对于人来说，是一把打向坯料的锤，打掉的应是脆弱的铁屑，锻成的将是锋利的钢刀。
——契诃夫

上天给人一份困难时，同时也给人一份智慧。
——雨果

只要脊梁不弯，就没有扛不起的山。
——十大感动中国人物洪战辉

咬定青山不放松，立根原在破岩中。千磨万击还坚劲，任尔东南西北风。
——郑板桥

薄柳之姿，望秋而落；松柏之志，经霜犹茂。
——顾贞观

第四章

骑士精神

阿倫·艾弗森

◦导读◦

　　这一章当中,为大家列举了几名特别的运动员。他们之所以特别,是因为他们身上有着十分强烈的个性,他们在面对生活和体育事业时,从不循规蹈,这也让他们在属于自己的领域中独树一帜,引起了热议。但是,我们不难发现,越是这样的选手,越是深得人心,让万千体育迷追捧,他们的特立独行颇具魅力。他们在用自己选择的方式走路,用自己选择的方式战斗。

得志少年的风采

——孙杨

　　说实话,第一次听到"孙杨"的大名,还是在伦敦奥运会开幕以后,在奥运如火如荼地进行当中,这个名字充斥了对游泳赛事关注不多的我的耳畔,我一直在好奇他到底是何方神圣,直到满怀期望地看了他的比赛,我才惊叹道:"我真是有眼不识泰山!"——男子 400 米自由泳冠军并同时打破奥运会记录;男子 200 米自由泳银牌;男子 4 乘 200 米自由泳接力铜牌;男子1500 米冠军并再次冲破世界纪录,而该项目在此之前的纪录也是由孙杨本人在一年前创下的。这个身材高挑的小伙子可真不是浪得虚名的,他在水中矫健的身姿,高超的泳技和惊人的成绩都深深地吸引了我,让我在才"认识"他不过几天的时间里,就成了他的铁杆粉丝。

　　在被这个 1991 年出生的大男孩吸引之后,我开始在网络上搜集关于他的资料,原来,已经是世界冠军和世界纪录保持者的孙杨,还是一名大学在校生,他来自浙江大学的体育系,而且还出身于体育世家。他的父亲曾是安徽省体工队男子排球队运动员,虽然他后来为读书而离开了专业队,但 1989 年从上海体院毕业后,他还是被分配到浙江科技学院任体军部主任,后来被评为教授。而孙杨的母亲曾是一名排球手。或许正是因为有两位运动健将做父母,孙杨才有了称霸泳坛的根基。

　　要说起孙杨是如何走上游泳的道路的,可能大家都会觉得有趣,伦敦奥运会上的他,才 20 出头,却已经有 1.98 米高了,有朋友开玩笑说,这样的个头去 NBA 打球都可以了。可据孙杨的妈妈杨明透露,当初儿子被选进游泳队就因为个子比别的孩子高!"读幼儿园时,教练到幼儿园挑选游泳苗子。当时老师就说,孙杨这个孩子连幼儿园的床都睡不下了。"就这样,孙杨被选进体校参加集训,并走上了游泳这条路。

孙杨是个名副其实的"后起之秀",而每个取得成功的运动员,都无一例外地拥有一段"被人遗忘"的时光,那些日子里,他们把自己所有的精力都投入到自己的事业当中,为了梦想而历尽艰辛、付出汗水,孙杨也是如此,在经过了多年的水中苦练后,孙杨终于得到了一鸣惊人的机会,在 2006 年的省运会上技惊四座之后;他又于 2007 年的全锦赛中拿下 1500 米冠军。

观看了伦敦奥运会的游泳比赛的体育迷们,一定都对孙杨的后程爆发感到惊叹。其实,在 2007 年的城运会上,他就为观众们上演过"后来居上"的好戏——1500 米自由泳决赛中,前 1400 米,孙杨和来自南京的运动员祖立军不相伯仲,为比赛设下了吸引人的悬念。可是,就在孙杨开始进入最后 100 米的冲刺时,他却忽然爆发出了强大的冲击力,在其他选手的体力已经消耗了大半的时候,孙杨却逐渐加速,越来越快,活像一条顺流而进的鱼,不出十秒钟,他就把跟他并驾齐驱的对手远远甩开了,并毫无悬念地摘下冠军。这样的景象,对于看台上的观众来说,是最具冲击力的,一个像装了发动机一样的人在水中全速冲刺,和其他选手形成了鲜明的对比,这让所有人都为这样好看的画面报以热烈的掌声。人们都在惊叹,一个 16 岁的孩子的体内,怎么会蕴藏了如此惊人的力量。

这次比赛,孙杨取得的成绩是 15 分 21 秒 41,虽然这样的成绩不算十分出众,但惊人的是,成绩已经比一年前提高了五十多秒!"才用了一年时间,他 1500 米的成绩提高了近 1 分钟,就连 400 米也缩短了 3 秒多。"孙杨的教练朱志根也为此感叹。游泳比赛中,很多名次往往都竞争到了小数点后几位的精细程度,而孙杨这样短时间内的大幅度进步,无异于一次从小河到海洋的超越。

当然,这一切都是与孙杨刻苦的训练紧密相连的。2009 年,孙杨再次取得了十分可观的成绩——8 月,孙杨获得第十三届世界游泳锦标赛 1500

米自由泳第三名;10月,在第十一届全国运动会上,孙杨更是让大家见识到了什么叫"初生牛犊不怕虎",还不到20岁的他,就像之前称霸泳坛多年的老牌王者张琳发起了挑战。张琳的能力是有目共睹的,男子200米和400米自由泳比赛中,他都战胜了孙杨,挫伤了年轻人的锐气。但孙杨并未受这两项比赛失利的影响,他把目标定在了接下来的1500米自由泳比赛上,这项比赛距离最长,需要消耗的体力也最大,而这却是年轻的孙杨最为擅长的项目,最后,孙杨没有让自己心中的这份"战书"白下,他凭借着出色的技术和惊人的体力,在这个项目中,超越了自己心中的那位霸主,成为名副其实的长距离游泳之王。而这时的他,已经被国内泳坛的很多专家看好,并把年轻的他视为2012年伦敦奥运会的"水中明星"。原来,大家对孙杨的期待就是这样来的。

然而,在伦敦奥运的游泳比赛开始前,孙杨的面前,又出现了一个实力更为强劲的对手,他就是韩国健将朴泰桓。这位选手虽然身高照孙杨差了一大截,但他的技术可是出了名的好,基本功扎实,能力出众是他的特点。孙杨的教练说:"他(朴泰桓)一直坚持负重练习,所以一旦比赛,就显得很轻松。"两国最强的选手马上就要在奥运赛场上一较高下了,想必观众都十分期待泳池中的这一重头戏,而此时,网络上又开始流传这样一则有关孙杨的笑话:孙杨在奥运开幕前,去寻找一位世外高人给自己预测游泳比赛的成败。高人将一颗完整的葫芦劈成两个瓢。一个瓢被竖着放入水中,而令一个瓢,则被横着放入水中。此时,之间第一个瓢顺流而下,在水中自如前进,而横着被放入水中的瓢却跌跌撞撞,打了跟跄。此时,孙杨恍然大悟,他说:"我明白了!要借助谁的力量!"高人却轻轻笑了一下,并说:"不,这证明了瓢太横(桓)是赢不了的!"

看完这则笑话,很多网友都捧腹大笑,而比赛的结果一样跟笑话中的大师预测的一样,孙杨不负众望战胜了实力强劲的韩国选手,夺得金牌,还打破了世界纪录。尤其是男子4×200米自由泳的比赛,让人们尤为印象深刻——前三棒,中国队只排在第五名,而负责最后一棒的孙杨在此千钧一发之际,再度用出了自己的"后程爆发必杀技",他在水中全力穿梭,最后奇迹般地为中国队赢得了一枚铜牌。而比赛结束后，爬出泳池的他却无力庆祝，而是筋疲力尽地瘫倒在泳池旁大口喘气，连说话的力气都没有了。我们很难在那样一张疲惫的面庞上再找出欢喜的表情，但我想，他的内心一定是充满快乐和骄傲的。

夺得奖牌后的孙杨想要将国旗披在身上，可是经过了一番折腾，他却弄巧成拙，差点被国旗"绑架"；新闻发布会上，他又因为过分激动而无法集中精力，连连忘记记者的问题。他不好意思地笑了："能再说一次问题吗？我忘了。"然而，这样的举动不但没有让人觉得失礼，反而显示出了他身上的那份可爱、淳朴。他就是这样一位大男孩，有白皙的肌肤、阳光的微笑和过人的身高，最重要的，是他为运动事业付出的努力，为祖国赢取的荣誉和他那率真、可人的性格。

看过有关他的资料的我，也不禁感叹道："真是英雄出少年啊！"

伦敦奥运会过后，孙杨变得比从前更"火"了，相信这个青春少年会在这条光明大道上越走越远，得到越来越多的关注和祝福，就让我们拭目以待，准备迎接这小伙子创下的辉煌吧。

逐梦箴言

春风得意的少年总是那样让人羡慕，因为他们拥有青春。你的青春到来了吗？我可不是在说"青春期"，真正的青春，永远和年龄无关，那是一种热诚，一种率真，一种可以在体内沸腾的血液，就算你尚年轻，哪怕你已年迈，你仍可以为了你所爱的事，让你青春永驻！

知识链接

1.张琳：(1987年1月6日出生)，中国著名游泳运动员，曾

就读于北京一零一中学,1994 年在北京市海淀业余体校训练,
1999 年在北京市二队接受游泳训练,2000 年 9 月进入北京队,
2002 年选入国家队。2008 年第 29 届北京奥运会男子 400 米
自由泳比赛,张琳勇夺亚军,游出 3 分 42 秒 44 的好成绩,首次
实现了中国男子运动员在奥运会游泳项目上奖牌零的突破,而
这也是中国奥运军团在本届奥运会上夺得的第一块银牌。次
年,张琳又于世界游泳锦标赛男子 800 米自由泳比赛中荣膺冠
军,并以 7 分 32 秒 12 的成绩打破了由澳大利亚著名选手格兰
特·哈克特保持的 7 分 38 秒 65 的原世界记录,将世界纪录提
高了 6 秒 53,成为了名副其实的天王。张琳和吴鹏、赖忠坚并
称为中国男子游泳队的"三大天王",另号"无眉大侠"。

2.朴泰桓:号称"小飞鱼"的韩国游泳名将,曾获 2010 年广
州亚运会男子 100 米自由泳冠;2010 年广州亚运会男子 200
米自由泳冠军,2010 年广州亚运会男子 400 米自由泳冠军等
诸多奖项。他曾创下令人望而生畏的纪录,也曾打破被欧美人
垄断泳坛的格局,是个名副其实的悍将。2012 年伦敦奥运会,
他被视为中国选手孙杨最强大的对手之一,最终他在男子 400
米自由泳决赛中,以 3 分 42 秒 06 的成绩排名第二,摘得亚军。

知识链接

我的未来不是梦

绝不服从

——阿伦·艾弗森

"我不需要尊重任何人,即使那个人是迈克尔·乔丹。"

如果有一天,你听见有人对你说这样一句话,你会有什么感觉?嚣张跋扈?不知天高地厚?没错,就是这样的词汇,而阿伦·艾弗森也从不否认自己身上的这份张扬。他的童年经历了太多的晦暗,承受了太多的伤痛,那时的他能做的无非两个选择——服从或者反抗。艾弗森选择了后者,所以他一直在用自己瘦小的身躯抵挡着风霜雨雪,但他从没有低过头,服过输。

他说:"他们不可能打倒我,除非毁灭我,而任何没有将我毁灭的力量,只能让我更加强大。"就像他小时候那一次,一群大他五六岁的小混混合起伙来欺负他,他们把小艾弗森一次次放倒在地,甚至对这个瘦小的孩子拳脚相加,但艾弗森从没留下眼泪,他也不会求饶,他只是不断地重新站起来,并且予以还击,无论对方怎么威胁、恐吓,他都不会退让,只是像一只被逼疯了的小野兽一样对着那群人疯狂"撕咬",最后,那几个小混混竟累得没有力气了,却发现他们无论如何也制服不了这个黑瘦的小鬼。

他说:"只有我能让自己停下来。"就像那一次,2000—2001NBA季后赛的东部半决赛中,艾弗森在一次对抗中被对手肘击,"扑通"一声摔在了地板上,久久没有爬起来。而当他站起来的那一刻,满嘴将牙齿都浸红了的鲜血把所有人都吓了一跳,裁判马上冲过去要他立即下场接受治疗,因为NBA联盟当中规定身上还有血迹的球员不可以继续比赛,这是对球员的一种保护方法。而艾弗森深知,在这样紧要的比赛中,如果他这个球队领袖下场,那自己的球队不知会不会一败涂地,他不想输!艾弗森想了想,随即一口咽下了满嘴鲜血,眼睛直勾勾地盯着裁判说:"这下行了吧?"

　　这就是阿伦·艾弗森,一条粗犷的、略显偏执的汉子。他无法容忍失败、退让、逃避,他只会勇往直前,所以你才看得到那些有他出场的比赛里,他会为了争抢一个球而像橄榄球运动员那样扑倒在地,并将球死死地护在胸膛;他会为了突破对手的防线而不惜在空中失去重心,最后重摔落地;他也会在遭受到对手的恶意犯规后,满脸愤怒地冲上去,面对那些高他 20 甚至 30 厘米的巨人,想要出拳报仇——忘了说,艾弗森的官方注册身高是 1.83 米(目测身高大概只在 1.80 米左右),在 1996 年被费城 76 人队选中后,他成为了历史上个子最矮的状元秀。最开始的时候,所有人都认为艾弗森疯了,这样一个"小不点儿"来打 NBA? 还能当状元? 他们认为 76 人队也疯了,竟然选择一个疯子。然后,就有了开篇的那句话,艾弗森说:"我不需要尊重任何人。"可想而知,当这句话被传开的时候,不光是媒体,就连整个NBA 都将矛头指向了这个大眼睛的小个子,"你算哪根葱?","我们要给你点颜色看看",这是当时很多人的心声,尤其是那些在 NBA 中征战多年的老将和享誉盛名的明星球员,更是想让这个初生牛犊见识一下老虎的可怕。

　　事实又是如何呢? 他们发现这个大学二年级的孩子,速度快得像闪电一样,运球推进全场只需要不到 4.5 秒的时间;他们发现这个瘦瘦的矮个子竟能跳起 40 多英寸高,不知道从哪儿来的就"噌"地一下飞到上面去了,还能压着一个两米多的大个子把球硬生生地砸进篮筐里。后来,人们又发现这个小伙子还有一项独步武林的绝技——变向运球。当然了,这项技术每个人都会,问题就在于你能把它发挥到哪种水平,艾弗森的变向运球堪称前无古人,每当他展开双臂,晃动肩膀,皮球就如同被注入了灵魂的伙伴,可以自如地在他身旁的各个角落晃来晃去,毫不夸张地说,当初凡是敢于贴身防守艾弗森的人,哪个没被他的变向运球骗得不知所措过? 相信球迷对那一幕都记忆犹新——尚在 NBA 中打拼的篮球之神迈克尔·乔丹在三分线顶端单独防守艾弗森,乔丹把重心压得很低,集中自己所有的精力去布防,是因为他知道这个小个子够狠。艾弗森自然也不能掉以轻心,只见他挥开手臂连续运球三次，乔丹的重心顿时被骗得朝右边偏移过去，而艾弗森则利用这个空档起跳，将球投进了。

那一年的艾弗森，是风的儿子，他的表现力压同年的科比和黄金一代的所有球员，得到了"年度最佳新秀"的称号，在新秀全明星赛上，他更是用精彩的表现拿下了新秀赛最有价值球员奖杯。他还有进入 NBA 头一年就连续四场比赛得到 40 分以上的惊人之举，打破了篮球皇帝张伯伦尘封了几十年的纪录。那些想要给他颜色看看的人不吭声了，有点呆了、怂了、怕了。就连乔丹也说："有两把刷子！"

其实，艾弗森的骄傲和狂妄并非空穴来风。他坚韧甚至是偏执的个性源自他曾经的生活。他的妈妈安·艾弗森，十六岁时便怀上了他，而艾弗森的生父则在那时逃之夭夭，抛弃了它们母子俩。家境贫寒的艾弗森出生后，每天要面对的是不知何时就会被污水浸泡的陋室，枪击事件、毒品贩卖和街头小混混的斗殴，这些是每天都发生在他身边的人生泡沫剧，甚至可以说他能在这样的环境中活下去、长大成人都是一种奇迹。妈妈是艾弗森唯一的支柱，她是个称职的母亲，一个伟大母亲，她用尽自己全部的力量去扶持、去养育这个小生命，给他自己全部的力量和爱，妈妈告诉他要靠着自己的努力摆脱这种生活，其实，也是妈妈将艾弗森送上了篮球场，那是他们摆脱困境最大的希望。艾弗森并没有让妈妈失望，在他彻底爱上篮球之后，篮球也帮他证明了，他是个绝世的天才。这份天才，并非仅仅体现在他非凡的身体素质，更体现在他那颗永不屈服的心脏。

艾弗森会像保护生命一样保护篮球，因为他深知，是篮球带给了他现在所拥有的一切：豪宅、跑车、数不尽的钞票和满身华贵的衣着、首饰；是篮球给了他拯救自己妹妹生命的能力；是篮球给了他对母亲尽孝的资本；是篮球将他的生命从深渊中托了出来，把他带到了一个崭新的境地；是篮球帮他找到了已经失去灵魂的身体，而现在的他则可以用这副血肉之躯在场上拼杀，享受着存在感。用一句颇具喜感的话来形容——艾弗森是在用生命打篮球。别人不是，他是。他热爱篮球，热爱他的母队——费城 76 人队，那一年，重返家乡球场的艾弗森，竟毫不避讳地跪倒在球场中央，俯身亲吻球队画在地板上的标志;那一年,三十几岁的艾弗森因能重返费城而忍不住真情流露,竟在新闻发布会上失声哭泣。他是条赤胆忠心的汉子。

艾弗森同样在用生命爱着自己的母亲,虽然他嚣张跋扈,虽然他不知天高地厚,但在他的母亲面前,他永远都是个听话的孩子,感谢安·艾弗森,因为也正是通过这位母亲,我们有幸看到了这条汉子不羁背后的柔软,强硬背后的纯真,这条汉子可以在高高举起手中的奖杯之前,先将他的母亲带到球场中央,当众亲吻母亲,向遍布全场的球星、教练和观众介绍母亲,让母亲获得尊重,然后,他会和母亲共同分享自己在篮球场上斩获的所有荣誉。艾弗森和母亲的亲密无间,是我们在篮球场上从未见识过的好风景。

人们叫他"坏小子",无非是因为他一身健硕的肌肉上布满了花哨的文身,无非是因为他过于随性的穿着打扮和欲与天公试比高的倔强,有人因此对他不屑,瞧不起他,认为他将街头混混的穿着打扮甚至是所谓的"恶习"带到了圣洁的 NBA 球场,但更多的人却因此爱他!人们爱他肩头上文着的那句:强者生存。这证明了艾弗森之所以能用普通人的身躯征服巨人的世界是因为他有真本事。人们还爱他脖颈上刻着的那个中文汉字:忠。他对篮球忠诚,对球队忠诚,对朋友和亲人忠诚,对自己忠诚。人们爱他那双生得俊俏的眸子,那是这位在球场上寡言的汉子流露脆弱的唯一窗口。人们爱他愿意穿着简单的大 T 恤走在其他西装革履的人身旁,这是他对自己出身的不避讳,不隐藏。人们爱他敢跟科比和奥尼尔的组合叫板,带着一群二流甚至是三流的队友在太岁头上动土,豪取 48 分。人们爱他竟敢带着 11 处硬伤,打着封闭针在肌肉森林里玩儿命。

是什么让你如此硬朗?又是什么让你如此真挚?是什么让别人对你充满误解?又是什么让你有胆量一个人来,一个人走?你莫不是现代生活中闯荡江湖的独行侠?

十几年过去了,艾弗森如今早已远离了人们的视线,再多的争议,再多的论述,都已经失去意义,而很多人却还因为他从未染指冠军奖杯而质疑他在篮球历史中留下的足迹。很多人还在拿他和一些现役的球星作比较,企图分出高下。其实,不必了。没忘记他那个最响亮的绰号吧——"答案"。

小个子可以称霸NBA吗？出身平庸的庶民可以成为巨星吗？贫穷的人可以走出困境吗？篮球能给我们带给我们什么？阿伦·艾弗森已经给了所有人最好的答案。

逐梦箴言

不要为了引人关注而去特立独行，这是幼稚的行为。每个人都是不同的，都是这个世界上独一无二的存在，所以你无须刻意去做什么蠢事来标榜自己的不同。只要你为目标全力以赴，你就会被人欣赏。

知识链接

费城76人队：原名叫做锡拉丘兹民族队。球队在1949年加入NBA，后于1963年迁入美国费城。该球队在更名前曾14次进入季后赛，多次闯入总决赛，是一支名副其实的劲旅。被称为"篮球皇帝"的维尔特·张伯伦就曾在该队效力，他曾荣获7次NBA得分王、11次篮板王的称号，并且保持着空前的"单场得到100分纪录"。张伯伦之后，这支球队也曾迎来了多名叱咤风云的巨星，他们分别是摩西·马龙，朱利叶斯·欧文，阿伦·艾弗森。

阿伦·艾弗森的著名文身介绍：除文中提及的"忠"和"强者生存"外，艾弗森还有很多处含义深刻的文身，如"HOLD MY OWN"意味要依靠自己，把握自我；"SOLDIER'S HEAD"表示"生命就是一场战斗"；"I MISS MY HOMIES"："我失去了我的家人"，这处文身是艾弗森为纪念一个被谋杀了的好友所增添的；BADNEWZ是艾弗森小时候常玩耍的球场；"VA's Finest"意为"弗吉尼亚州最强者"，弗吉尼亚州为艾弗森的家乡；"Fear No One"意味所无畏惧；EAL：这是艾弗森的母亲名字的缩写。

老骥不伏枥

——钱德罗·托马尔

总会有那么一天我渐渐老去,岁月让我的心变得宽容而宁静,那时候,我希望自己依然能拥有一颗如同年轻人般澎湃的心脏,好让自己,慢些老去。

她太老了,这是真的。

已经78岁的她本应该躺在摇椅里安度晚年,可是,命运却偏偏在这个时候选择了她。而她,也正是这样一个不肯向岁月屈服的倔老太婆。十年前的一天,她送自己的孙女去印度北方参加了一个地方射击比赛。据她自己回忆,当时已年近七旬的自己依然很想接触一些新事物,但自己又觉得很难为情,她作了好久的思想斗争,最后终于决定鼓起勇气要在赛场小试身手。出乎意料的是,她随后竟被当地射击俱乐部的教练一眼看中了。

托马尔说:"他(教练)叫我一定要回来,我本来是去支持我的孙女的,但我也很喜欢(射击),后来我就每周都到那个射击俱乐部去练习了。"

而那位伯乐教练法鲁奇·帕桑在回忆时说:"我很惊讶地看见一个老人出现在了射击场,但她很快就上手了。"他说:"托马尔阿婆实在是个天才,她的出现甚至引来了许多人的围观。她具备所有的天赋,手稳眼尖。"

这世上有一些人,生来就有着超凡的天赋,这种天赋或许会伴随着他们的一生,哪怕他们已年逾花甲白发苍苍,可天赋一旦被发现,便会显示出强大的力量。但天赋同样需要辛勤浇灌,才能发挥作用。而浇灌老太太托马尔的天赋的,正是后来的十年里她所付出的汗和泪。

十年中,她克服了重重困难,为了瞄准,她每天都通过扔石子或矿泉水瓶进行练习。托马尔对射击的狂热赢得了家人的支持,特别是她的女儿西玛,她也是一名国际射击运动员,并是首个在国际射联世界杯赛中获得奖牌的印度女选手。她表示,母亲代表着"万事皆有可能",其实除了射击以外,托马尔也是个照顾家人打理家务的能手。

"她鼓舞了许多人,射击俱乐部里很多人在军队和警署都找到了好工作,都是因为她的鼓励。"西玛对记者说。

然而,在射击上取得的卓越成就丝毫没有影响托马尔正常的生活,她从不骄傲,在家人心目中,她依然是那个热爱烹饪,擅做家务又会照料孩子的慈祥祖母,每次去射击俱乐部之前,她都会精心安排好一家人的饭菜才出门。

据悉,现在托马尔已经成为印度的国宝级人物,一头银发的她已经拿了25个国家级比赛的冠军,击败过年轻力壮的警察和军人,这些落败者中甚至还有像德里警署的检察长这样的任务。她还曾一度在印度钦奈举行的退伍军人射击锦标赛中击败专业选手拿到金奖。而已经有了6个儿子,15个孙子的托马尔说:"我告诉人们我有能力。我认为年龄不是问题,只要你肯做,没有什么困难能难倒你。"

逐梦箴言

有时,生命就是如此,会有一些突如其来的机遇和变化忽然摆在你的面前,你可以选择视而不见,但如果你抓住它,或许它可以让你不凡。而这一切和你的年龄毫无关系,哪怕你已经年过花甲,也没有人可以剥夺你追逐梦想的权利。

知识链接

射击运动：射击这项运动最早起源于军事和狩猎活动。自15 世纪起，就有很多国家和地区举办过类似的经济活动，如瑞士举办的火绳枪射击比赛以及斯堪的纳维亚半岛就兴起了跑鹿射击的游戏活动等。在 19 世纪初期，欧洲一些国家还举行过对活鸽子射击的游戏，这些都被视为现代射击比赛的雏形。

1897 年，首届世界射击锦标赛拉开帷幕。1907 年，国际射击运动联合会正式成立。1998 年 7 月 15 日，该联合会正式命名为"国际射击运动联合会"(International Shooting Sport Federation)，简称为"ISSF"。"国际射联"是国际奥委会正式承认的国际业余射击运动在国际和世界水平比赛中唯一的管理机构。而射击首次列入现代奥运会则是在 1896 年的雅典奥运会。

许海峰：中国著名射击运动员，1957 年 8 月 1 日生于福建漳州。他在第 23 届奥运会上获得冠军，是中国第一枚奥运金牌得主，打破了中国奥运史上"零"冠军的记录

王义夫：1960 年 12 月 4 日生于沈阳，曾是国家射击运动员，现任中国国家射击队总教练。1992 年在巴塞罗那奥运会上获得男子气手枪自选手枪慢射冠军、亚军。并在 2004 年雅典奥运会上获得男子 10 米气手枪金牌。

朱启南：1984 年 11 月 15 日生于浙江温州，中国射击队运动员。2004 年雅典奥运会上荣获男子 10 米气步枪金牌，2008年北京奥运会获得男子 10 米气步枪银牌。2005 年，朱启南获得年度男子最佳新人奖。

陶璐娜：1974 年 2 月 11 日生于上海，中国女子射击队运动员。1992 年进上海队，1995 年被许海峰挑中调入国家队，1997 年再度入选国家队并在当年底夺得世界杯总决赛冠军。现在首都体育大学攻读运动心理学硕士学位。

■ 巴神的世界，你永远不懂

——马里奥·巴洛特利

　　"巴神"是何方神圣？2012年，如果你没有听过这个响亮的绰号，那么，你需要恶补一下你的体育知识储存量了！他不是拳皇系列游戏中那个操纵紫色火焰的"八神庵"，他是意大利国家队明星前锋马里奥·巴洛特利。说起来，马里奥的名字似乎又让人想起了另一款游戏中的主角——玛丽奥叔叔。在这里，就让我们一起领略一下巴洛特利的游戏人生吧。

　　如果你是足球迷，相信你对这样的一幕记忆犹新——2012年6月11日，欧洲杯小组赛意大利队对阵西班牙队，巴洛特利在对方半场断球并得到了单刀门将的机会，可是就当他已经侵入了对方的禁区，几近面对空门的时候，一项以神迅速见称的巴洛特利却忽然放慢速度，迟迟不采取行动。教练和队友急得团团转，巴洛特利却好像在水边散步一般漫不经心，最后竟被从他后面赶上的西班牙后卫成功抢断，错失了球场上最好的进球机会。

　　所有人都被巴神"雷"得目瞪口呆，他到底在做什么？为什么不射门？没人知道。赛后，媒体戏称他是在对方禁区内"思考人生"，因为还没想通而犹豫不决。球队主帅普兰德利更是大发雷霆，很快就将他换下球场。

　　8天后的比赛，巴洛特利成了球队的替补，他百无聊赖地坐在替补席板凳上足足75分钟，他一会儿东张西望心不在焉，一会儿紧锁眉头若有所思，还不时拿起自己的球衣放在鼻子旁闻一闻并露出陶醉的表情。终于，在比赛的最后关头，他被换上场了。这一次，巴洛特利却勇不可挡，仅用了几分钟的时间，就以一记高难度的倒钩将球射进，为意大利队锁定了胜局，瞬间引爆了整个赛场。人们说，这次巴洛特利已经在场下思考了75分钟，想通了自己的人生，所以射门时也不犹豫了。

几个星期的激战过后，欧洲杯将要进入了最后的决赛了，对阵双方仍然是意大利和西班牙。赛前，巴洛特利接受采访，面对着记者穷追不舍的发问，他显得镇定自若，最后，在被问及"你认为星期天的总决赛谁会获胜"时，巴洛特利面带微笑地回答他说："我星期天再告诉你。"

这个1990年出生的小伙子，言行当中从来不乏幽默，一次，在曼城对阵曼联的德比之战中，巴洛特利用一脚力大势沉的中路抽射破门成功，精彩的进球让队友们都高兴得振臂欢呼，满场飞奔，只有巴洛特利呆在原地不动，只见他撩起了自己的球衣，而他的球衣当中是另一件球衣，上面还印着一行英文：Why Always Me?（为什么总是我？）他可爱的庆祝动作令球迷笑逐颜开，而让人哭笑不得的是，就是在这场比赛开始前，巴洛特利还在自己价值300万英镑的豪宅的浴室中摆弄烟花，玩儿得不亦乐乎，最后竟失手引起火灾。火势甚猛，消防队员用了一个小时的时间才将火扑灭，巴洛特利弄得自己差点无家可归。对此，他的回答再一次让人出乎意料，他说自己只是在研究火箭的助推原理，却不小心点燃了浴室的毛巾。

他还曾让人费解的将两万五千英镑的现金置入垃圾箱中，赶来调查的警察问他为什么这样做，他却满不在乎地说："因为我能。"

对于巴洛特利经常上演的这种周星驰式"无厘头行为"，《太阳报》曾评价说：巴洛特利是一个伟大的行为艺术家！这一刻，人们才恍然大悟，对啊！这不就是艺术吗！巴神在球场上奉献过一个又一个精彩绝伦的进球，也表演过一出又一出让人哭笑不得的"闹剧"，在为球队作出贡献的同时，还以前所未有的方式博得了千万球迷的喜爱、关注，这又何尝不是一件好事，何尝不是一种娱乐精神呢？

当然，也有很多人对巴洛特利的行为表示无法理解，认为他是在哗众取宠，自我炒作。不过，在十几岁的时候就已经成为备受瞩目的球坛新星的他，还需要什么炒作呢？况且，你也无须质疑他的能力，如果他不够强大，又怎能成为意大利国家足球队和两所豪强俱乐部的主力前锋？又怎能奉献出那么多精彩绝伦、效率极高的进球表演呢？话说回来，如果他不是一次次攻破对手的大门，为球队带来了胜利，又有谁会有兴趣来看他的搞笑表演？"巴神"这个外号是因巴洛特利的"无厘头"行为而来，但除此之外，他还被人们称为"神童"、"妖童"，而这样的绰号，正是因为他精湛的球技而得到的。

在巴洛特利 15 岁零 7 个月时，他就曾代表丙一联赛的卢梅扎内出场，这创造了意大利职业联赛的历史纪录。

他 16 岁时，为 U17（17 岁以下青年队）出场 20 次，共射进了 19 球，几乎每场都有破门，这样强悍的表现让他，马上被提拔到了 U19 青年队，面对着比他大两三岁的球员，他又有 9 次破门成功的表现，这很快让他得到了一线教练曼奇尼的关注。而巴洛特利第一次在一线队中首发的比赛，他就打满了 90 分钟，并攻入两球。

2010 年 8 月，巴洛特利正式加盟英超曼城俱乐部。仅仅一年后的 2011—2012 赛季，他一共为曼城出场 28 次，并攻入 16 个球。在联赛的最后一轮中，曼城队对阵女王公园巡游者队，90 分钟过去了，比分依然没高低之分，此时，替补登场的巴洛特利用犀利的倒地铲射，助攻阿圭罗完成补时绝杀，导演了曼城在最后 3 分钟上演夺冠奇迹。

这一切，都充分证明了巴神不凡的天赋和出众的能力，那一粒粒进球都是有目共睹的。就连他的主教练都没有办法抗拒这样一名天才，即使他前一场刚刚匪夷所思地错过了最佳射门时机，下一场比赛的最后几分钟，教练还是会把他安排出场，因为，巴神总是可以给你惊喜。而巴神的世界，你永远不懂。

逐梦箴言

　　不要轻易地给一名运动员下定义，也不要轻易给生活下定义。运动是自由的，生命也是自由的，并非循规蹈矩才是正路，每个人都可以选择自己的方式去游戏人间，一个有资本去快乐又懂得如何快乐的人，才是人生真正的赢家。

知识链接

　　曼城：全名曼彻斯特城足球俱乐部（Manchester City Football Club）。它是一间位于曼彻斯特的足球会，作为英超联赛的一员，曼城的格言为"战争的自豪"。它成立于1880年，原名"圣河马堂"，1887年改名为阿德维克，1894年被正式称为曼彻斯特城足球俱乐部。2012年5月13日，在2011—2012赛季英格兰足球超级联赛的最后一轮比赛中夺得冠军。素有"蓝月亮"、"市民"、"蓝魔"等绰号。

　　国际米兰足球俱乐部：国际米兰足球俱乐部（Football Club Internazionale Milano）简称"国米"，于1908年3月9日成立，属于意大利足球甲级联赛，是一家位于意大利米兰市的足球俱乐部。国米的成立来自"米兰板球与足球俱乐部"（即现在的AC米兰足球俱乐部）。而国米本是该俱乐部的一部分，它分流出来独立门户，组成了现在的国米。国米的主场球衣由深蓝和黑色两种主要颜色组成。

我的未来不是梦

不羁战士

——默罕默德·阿里

1960 年，一个叫做卡休斯·克莱的 18 岁少年参加了他人生中的第一场业余拳击比赛，他要面对的对手是一位拥有"金拳套"头衔的冠军选手，但少年丝毫没有因此而感到紧张。在称重时，他满脸轻松地问自己的教练说："马丁先生，今天晚上你急着到哪儿去吗？"

教练显然没有明白他的意思："没有啊，还不一定，为什么这样问？"

"我是说，如果你着急去哪儿的话，我就在第一回合把那家伙干掉，这样你就可以早点去办事了。"

一席话让教练哭笑不得，他权当这是爱徒的"童言无忌"，或许他还不知道拳击场的激烈和残酷。可让他目瞪口呆的是，第一次走上拳台的克莱居然真的在第一回合结束之前就直接把那位"金拳套"打得爬不起来了，颇有"温酒斩华雄"的意味。那时，马丁教练还不知道，其实自己正在目睹一代拳王的诞生。

优异的表现让克莱得以在同年代表美国队参加奥运会，初出茅庐的克莱毫不手软，一路披荆斩棘，竟杀到了最后的决赛，面对凶猛的对手——三届欧洲冠军，来自波兰的皮埃茨克斯基，克莱稳扎稳打，最后以点数取胜，获得了他生命中第一枚，也是唯一的一枚奥运金牌。

不过，回到场下，这位冠军并没有因为自己傲视群雄的拳法而获得应有的尊重，回国后，克莱依然遭受着种族歧视和种族隔离的不公待遇，人们对这个为国争光的英雄视而不见,这让克莱愤慨不已,不羁的少年竟将金牌扔进了大海,并大叫着说:"我再也不要为这样的国家效力了!"

少年的拳技依然犀利无比,1960 年的 10 月 29 日,他开始了自己的职业生涯。而在接下来的一年多时间里,他几乎无往不利,他让人们见识到了黄蜂尾针一般快速的出拳,蝴蝶穿花似的灵巧步伐。他的比赛往往是以直接将对手击倒在地告终,干净利落。4 年后的 2 月 25 日,22 岁的克莱在迈阿密与索尼·利斯顿争夺重量级拳王称号,他用了 7 个回合的时间将对手斩于马下,成为了新一代拳王。

不过,再次独霸拳台的表现,仍没有让克莱得到太多的认可,人们只知道,他是一个黑人,在更多人的脑海中,克莱终究是低劣的、卑微的、不值一提的,哪怕有一天他成了上帝,那也是一位低等的神。这让克莱心灰意冷,他在成为拳王之后的第二天,就通过媒体宣布自己皈依伊斯兰教,并不再叫卡修斯·克莱,他有了一个新名字——默罕默德·阿里。至此,我们年轻的拳王有了新的信仰,新的名字,可他并没有因此而改变人们对他的偏见,人们甚至视穆斯林黑人为"低等中的低等",因此他们把阿里看成一个流氓,一个无耻之徒。

阿里管不了那么多了,他只是在赛场上打得更凶猛,更勇敢。也只有站在拳台上的他,才是自由的,不受束缚的,他能因此感到快乐,他用无懈可击的拳法打倒了一个又一个强悍的对手,成为了令人生畏的猛兽。其实,阿里的勇敢,还同样体现在他的思想和言论上,60 年代中期,越南战争爆发。战争愈发激烈,年轻的阿里也要履行服兵役的义务,可他不但没有参战,反而公开发表了反战言论,阿里说:"我绝不会跑到万里之外去谋杀那里的穷人,如果我要死,我就死在这里,咱们来拼个你死我活! 如果我要死的话,你们才是我的敌人,与中国人、越南人、日本人无关。我想要自由,你们不给;我想要公正,你们不给;我想要平等,你们也不给。你们却让我去别处替你们作战! 在美国你们都没有站出来保护我的权益和信仰,你们在自己的国家都做不到这些!"

如此不计后果的言论,就如同阿里在拳台上势大力沉的直拳,给了政府一记痛击，可他同时又说出了多少人的心声，多少百姓的疾苦，多少受到歧视的人的痛楚。很快，政府就以"拒绝服兵役"的罪名吊销了阿里在全国各地的拳击执照，他的护照也被没收了，这位已经在拳台上获得九连冠的霸王因此成了一位无业游民，这是政府给他的还击。阿里当然不会屈服，无法继续挥拳的他开始出现在各种集会和电视节目中，义无返顾地进行着反战宣传，这不是在和谁较劲，而是他善良、正义的本性的体现，阿里不畏强权，不会随波逐流，他只是想坚持自己的信念，做自己认为正确的选择。阿里也会拿出大量的时间来作拳击训练，他不会就此放弃自己热爱的拳击。

上世纪 60 年代末，美国国内的反战呼声逐渐高涨，而光明也终于降临在了阿里的身畔，作为反战人士的代表，他获得了前所未有的支持。1970年，通过美国最高法院的裁定，阿里恢复了拳手资格，近两年没有出场比赛的阿里依然锐不可当，他在接下来的日子里又连续十次蝉联拳王称号，成了名副其实的正义与勇敢的象征。1978 年，36 岁的阿里宣布退役，20 年中，他 22 次获得重量级拳王的称号，他是这个世界上最强大的战士。

退役后的阿里，并没有结束战斗，他虽然不幸患上了帕金森症，但他依然为全世界、全人类做着力所能及的贡献，而对发展中国家进行人道主义救援，成了这位身患重病的战士生命中最重要的课题。他曾不顾美国政府的反对，对朝鲜和伊拉克进行了访问，他还曾向贸易遭到封锁的古巴运送医疗设备，向全世界忍受饥饿的人们提供了两亿三千二百万次饭食。无论是金钱、物资，口头上的关怀还是亲自拜访，阿里都不曾吝啬，他用自己的力量在向全世界需要他帮助的人们提供帮助，共献爱心。

1996 年 8 月 2 号，让人动容的一幕在亚特兰大奥运会上发生了，男篮决赛的中场休息时间，国际奥委会主席萨马兰奇先生将一枚特制的奥运会金牌挂在了阿里的胸前——因为对种族歧视的不满，阿里曾将自己唯一的一块奥运金牌扔进大海，现在，这枚属于他的独一无二的金牌，再次回到了他的胸前。在场的所有人，包括数以万计的观众和美国"梦三"篮球队，都把热烈的掌声献给了英雄穆罕默德·阿里。阿里胸前的金牌则在那一刻闪耀着前所未有的正义、慈善之光。

逐梦箴言

　　让我用阿里曾在《致阿富汗儿童与青年的公开信》中说过的样一段话收尾吧：我是在美国贫民窟里长大的穷小子，但我牢记三件事。坚持信仰，信仰能让你捱过艰难时月；努力学习，尊重你的老师，听从他们的教诲；锻炼身体，运动能塑造你的人格、性格，并帮助你独立。我想，这就是他成为英雄的秘诀。

知识链接

　　亚特兰大奥运会：1996 年亚特兰大奥运会是第二十六届奥林匹克盛会，而 1996 年更是现代奥林匹克的 100 年诞辰，这让本届奥运有了极其特殊的寓意。本届大会共有来自世界 197 个国家和地区的 10788 名运动员参加，共出售 861 万余张门票，并设 26 个大项和 271 个小项比赛，在历时 17 天的角逐中，共打破 25 项世界纪录。这些数字都是史无前例的.

　　阿里职业生涯主要荣誉一览：1960 年意大利罗马奥运会冠军，1964 年 2 月 25 日战胜索尼·利斯顿，获 WBA 重量级拳王；1971 年 7 月 26 日击败吉米·埃利斯和北美拳击联合会重量级冠军；1973 年 9 月 10 日战胜肯·诺顿，重夺北美拳击联合会重量级冠军；1974 年 10 月 30 日战胜乔治·福尔曼重夺 WBA 重量级拳王；1978 年 9 月 15 日战胜斯平克斯，重夺 WBF 重量级拳王金腰带；1979 年 6 月 27 日阿里重返拳坛，10 回合被霍姆斯击倒。历史上第一位 3 次夺得重量级拳王称号的运动员；奥委会授予的 20 世纪最伟大的 25 位运动员之一；1996 年亚特兰大奥运会主火炬手；2005 年 11 月 9 日，在美国首都华盛顿，美国总统布什授予阿里"总统自由勋章。

我的未来不是梦

◎ 智慧心语 ◎

老当益壮,宁知白首之心;穷且益坚,不坠青云之志。

——王勃

我从来不把安逸和快乐看作是生活目的本身——这种伦理基础,我叫它猪栏的理想。

—— 爱因斯坦

最困难的时候,也就是离成功不远的时候。

——拿破仑

大自然把人们困在黑暗之中,迫使人们永远向往光明。

——歌德

石可破也,而不可夺坚;丹可磨也,而不可夺赤。

——《吕氏春秋·诚廉》

路是脚踏出来的,历史是人写出来的。人的每一步行动都在书写自己的历史。

—— 吉鸿昌

乐观是一首昂扬优美的进行曲,时刻鼓舞着你向事业的大路勇猛前进。

—— 大仲马

第五章

虽败犹荣

阿列克谢·涅莫夫

◦导读◦

　　他们失败了，但他们的失败却让和他们同场竞技的胜利者也黯然失色。那是一道可以永恒照耀的阳光，与名次无关，与快慢无关，与高低无关，那是被人们传承的奥林匹克精神，体育精神。是人性的闪光。伟大的奥林匹克之父曾经说过："运动的宗旨不是胜利，而是战斗。"能够走上至高无上的领奖台，自然是每一个运动员梦寐以求的事情，但那些没有机会第一个登顶却坚持到底的人们，也同样值得尊重。他们的故事，会让你感动。

■ 拆掉荆棘墙

——德里克·雷德蒙德

每一年的奥运赛场上,都有很多不平凡的人出现,这些不平凡的人演绎过很多不平凡的时刻。1992 年的巴塞罗那也不例外。

1992 年的巴塞罗那奥运会,男子 400 米决赛的起跑线上,所有参加决赛的运动员都已经作好了准备,他们双手撑地,腰背拱起,一个个虎视眈眈,只待发令枪一响,便都会如离弦之箭一般冲出去。其中,在第五道上,一个穿着蓝色短裤的黑人小伙子,他的眼神显得尤为坚毅。他的名字叫做德里克·雷德蒙德,是一名英国短跑运动员,为了这一刻,他已经等了太久。

说实话,德里克的外形真的没什么特别之处——棕色的皮肤,光头,还有略显消瘦的身材都有点大众化。不过,他的曾经在赛场上取得的成就却值得一提。

1965 年 9 月 3 日出生的雷德蒙德,从小就显示出了不错的运动天赋。7 岁时,他被父亲送到了米尔顿·凯恩斯田径俱乐部,从那时开始,他就已经把训练着重放在 400 米赛跑上了。德里克一直潜心训练,希望可以跑出好成绩,等到了 1985 年,20 岁的他开始有所作为了。他在比赛中以 44.82 秒的成绩打破了英国国内由大卫·詹金保持了 10 年之久的 400 米跑纪录,一跃成为国内 400 米赛场上的名将。

仅仅两年后,德里克再创新高,这一次,他把自己从前的成绩提高了整整 3.2 秒！他以 44.5 秒的成绩再次打破纪录,称霸了英国 400 米赛场,成了家喻户晓的体育英雄,而他的纪录直到 1992 年才被后人超越;除此之外,德里克还赢得过 1987 年世界田径锦标赛的冠军。成为了当时世界上最好的 400 米运动员。

年轻有为的德里克在职业道路上越走越顺,他很快获得了参加 1988 年汉城奥运会的资格,对于那届奥运会,德里克已经期待很久了,他希望在世界最高体育舞台上展示自己的能力,拿下金牌,这也是所有职业运动员梦寐以求的事。流下再多的汗水,攀上再陡峭的山峰,不就是为了这一天吗?可是,在 1988 年的奥运会 400 米比赛开始前仅仅两分钟,德里克却因为跟腱受伤而被迫退出了比赛,他与梦想擦肩而过。

在一次采访中,德里克说:"我热爱跑步。它让我感受到了生命的意义:积极、进取、不放弃。"虽然错失良机,虽然要再等上四年。但德里克从没想过要放弃跑步,放弃自己的奥运梦。在汉城发生的遗憾,只让他对巴塞罗那有了更多的期待,或者说,是渴求。

为了可以维持运动生涯并参加 1992 年的奥运会,德里克先后动过五次手术——4 次跟腱手术,1 次脚趾手术。不断复发的旧伤让他经历了常人难以忍耐的痛苦,但德里克觉得值,他撑得住!而今天,他终于可以站在自己梦寐以求的赛道上了,更让人欣喜的是,前面的两轮预赛,他的成绩都十分优异。时隔几年,他仍是那个实力强劲的田径英雄,而站在决赛起跑线上的他,心中积蓄的力量却比从前更加充足,那力量似乎在一瞬间就可以爆发出来,它是强大的、饥渴的、慷慨的。他已经等了太久了,奥运冠军似乎就在他的眼前了。

很快,只听"呼"的一声,发令枪响起了,德里克也伴着那股力量冲了出去。前半程,他跑得非常棒,世锦赛上那个 400 米王者的风范显露无余,他像一阵风一样奔跑着,目视前方,眉头微皱,他的脸上写满了坚决,他已经离终点越来越近。可是,就在他距离终点只剩下 150 米的时候,他的表情却一下子变得痛苦不堪,德里克扶着自己的右侧大腿,跪倒在赛道上——他的大腿肌肉拉伤了,剧烈的疼痛让他无法再继续坚持比赛。本来排在他后面的几名选手一瞬间超过了他,朝着终点冲了过去,可德里克却只能眼睁睁地看着。

仅仅十几秒之后,所有的运动员都已冲过了终点。德里克知道,他的冠军梦已经破碎了,那一刻,从不为伤痛叫苦的德里克再也承受不住了,他哭了,哭得如此伤心,他紧锁眉头,裂开嘴,失望的泪水顺着他的脸颊一滴接着一滴地滑落。他就像一个无助的小孩,这个小孩为了可以买到他心爱的机器人模型,苦苦积攒了好多年的零花钱,可就在他攒够了钱,跑去买模型的路上,他的钱却被拦路的劫匪抢光了,而他却无力抵抗。他实在是太疼了。

两名医护人员抬着担架,用最快的速度跑到了德里克身边,想要对他进行护理,但德里克却在这时站了起来,泪水没有停,他伸手推开了医护人员的搀扶,竟一瘸一拐地继续朝终点跑去。虽然,他的速度是那样缓慢。

"嘿!你怎么样。"很快,另一名工作人员朝他跑了过去,他想让德里克停下来疗伤。

德里克没有理睬,他的脚步愈发踉跄了,泪水也更加汹涌了,大腿上的疼痛并算不了什么,让他流泪的是针扎一样的心痛,但他已经作好了向终点冲刺的准备。这一次,再没有人试图去阻拦他了,只有他的父亲从看台旁冲上了赛道,他来到德里克的身边,没有多说什么,十几年前,是他将德里克送上了赛道,今天他要陪着自己的儿子一起把这段旅程走得完整。

"去吧,你能行,你能冲过终点!"父亲鼓励德里克说。

面对这一幕,看台上的6500名观众爆发出了雷鸣一样的掌声,他们都不约而同地从座位上站了起来,用最大的力气拍击着手掌,向这位叫作德里克·雷德蒙德的战士致敬。呐喊声和赞美的口哨声也不绝于耳,比赛被德里克缓慢的脚步点燃了。

在父亲的搀扶下,德里克终于跑过了终点,但场内的欢呼声却久久不息,比刚才更加热烈了。这样的画面,不仅让人们看到了亲情的温暖,更向人们诠释了奥林匹克精神的真谛。而德里克也用一种特别的方式,实现了自己的梦想,他虽然没有赢得冠军,但他战胜了自己,赢得了尊重。而他所做的一切,也一直都被奉为奥运赛场上的经典,被人们铭记于心。

之后的德里克渐渐淡出了田径赛场，他有了崭新的生活。他组织过青年体育活动，举办过鼓舞人心的演讲，他用自己在奥运赛场上的经历为人们讲述他对成功的理解，鼓舞着那些心怀梦想的年轻人。现在的他成了一名体育评论员，继续着自己老本行，为世界各地举办的田径比赛担当解说、评论。而我们不会忘记这个现在西装革履谈笑风生的男人，曾穿着运动服在田径场上上演的那一幕感人的画面。

逐梦箴言

多年后，人们对他提起 1992 年的那一幕时，德里克已经可以坦然面对了，他说："其实我们都会碰上这样或者那样的困难，它们会如同荆棘墙一样横亘在你和你的梦想之间。如果你真的不幸碰上了的话，除了跳过去之外，你还有别的选择——拆了它！就像我做的一样。

知识链接

最强之师：提起巴塞罗那奥运会，最让人惊爆眼球的一支队伍，无疑就是号称"梦一队"的美国男子篮球队，这是美国男篮第一次出现在奥运会赛场上，然而，这支由 12 名 NBA 传奇巨星组成的"星河战舰"初出茅庐便以压倒性的优势夺得了冠军。8 场比赛，他们兵不血刃完胜对手，每场得分 117.3 分，每场净胜对手 43.8 分，成为了有史以来世界上实力最为强劲的篮球队。其阵容之豪华，比赛之精彩，以及给观众带来的震撼都堪称"宇宙之最"。

君子之战
——鲁兹·朗与杰西·欧文斯

　　1936 年,奥林匹克运动会在柏林举行。虽然这届奥运会因为一些特殊的历史原因在后来被世人称为"历史错误"和"奥运历史上的悲剧",但是,这次奥运会却因为两位运动员的名字而有了值得被人铭记的理由。

　　1936 年 8 月 4 日,柏林奥运会的第四个比赛日。田径赛场上,似乎有种让人感到拘谨甚至是恐惧的气氛,这是因为那一天的看台上坐着一个特殊人物——阿道夫·希特勒。作为奥运主办国的元首,他别有用心地企图通过奥运会的举办来达到一些政治目的——以奥运会的和平寓意来给纳粹政权戴上一顶爱好和平的帽子。还有,就是它要通过这次比赛来证明雅利安人种的优越,将黑人、犹太人逐出赛场,逐出他的视线。不过,为了能够成功得到奥运会的主办权,他还是在赛前被迫答应了国际奥委会的要求:允许犹太人参赛。

　　希特勒最为关注的无非是一个叫做鲁兹·朗的德国跳远选手,他是德国国内享誉盛名的健将,希特勒对朗充满信心,他希望朗可以夺取冠军,杀杀那些黑人的锐气。而且,一旦朗能夺冠,那么希特勒所提出的"雅利安人种优越论"就能进一步得到证实了。把那些黑鬼全都赶出去! 看台上的希特勒无时无刻不在这样想。

　　不过,想在跳远项目上夺冠可不是轻而易举的,虽然鲁兹·朗实力超群,但是这次跟他同场竞技的,还有一个同样强大的美国选手,他就是后来被人们称为"本世纪最伟大的田径运动员"的杰西·欧文斯。这个欧文斯可不简单,他今年虽然刚刚 20 岁,但已经取得了太多惊人的好成绩,尤其是 1935 年,还是个大学生的欧文斯在安阿伯举行的大学生运动会上,竟然刷平一项世界纪录、打破了五项世界纪录!夺得了五枚金牌。更让人惊叹不已的是,那时的欧文斯背部有伤,而他打破这五项纪录,只用了 45 分钟的时间! 而今年 6 月,欧文斯竟然又在芝加哥举行的美国夏季田径比赛中打破了自己保持的纪录。

这样的选手简直令人生畏,他奇迹一般的比赛成绩不光成了希特勒的心腹大患,更让他的许多对手心存余悸。不过,再强大的选手,也有马失前蹄的时候。8 月 4 日的男子跳远预赛中,欧文斯就遇到了前所未有的麻烦——他在第一次试跳中,因为没有计算好步伐而越线违例;可第二跳时,他又因为担心违例而选择了十分靠后的起跳点,这让他跳出了前所未有的坏成绩。现在,他只剩下最后一次机会了。如果这次跳跃再有闪失,那么他将失去比赛资格。

"这太糟了!"欧文斯心中不禁这样想,他从未遇到过这样的情况。这对于他本来是很轻松的一件事,根本无须过分担心,可是现在只剩下最后的机会了,他却觉得十分紧张。他一会儿站在原地望着远处的沙坑,一会儿看看天空,想要放松下来,可是每当他开始助跑准备完成最后的跳跃,他又会在半路停下来,他太犹豫不决了,他害怕错失最后的机会。

"这太糟了!"这是他心中唯一的声音。

正在这时,有个人朝欧文斯这边走了过来:"你好,我是鲁兹·朗。"那人自我介绍说。

欧文斯抬头看去,只见说话的是一个金发碧眼的白人,他同样穿着运动服,不用说,欧文斯也当然知道他就是鲁兹·郎,那位大名鼎鼎的德国跳远运动员,德国人的英雄。虽然朗的英文发音听上去有些别扭,但这丝毫不妨碍他展示自己的绅士风度,他挺拔的身材,优雅的笑容都显得那么平易近人。

欧文斯有些纳闷:他要做什么?

　　要知道，在那样一个特殊的时代背景下，要一个白人和一个黑人主动搭话，可不是件自然的事。更何况，眼前这个白人是德国人，是被希特勒给予厚望的，而欧文斯只是他最大的对手，一个被希特勒叫作"黑鬼"的对手。可是，鲁兹·朗的语气听上去却是那么友好。

　　"我看得出来，你遇到麻烦了。"朗说道，"我也遇到过相同的情况，别紧张。我有个好办法。你只要将起跳点稍微向后挪一点，不就行了吗？"

　　欧文斯没有做声，他显然是被这个白人的热情弄得不知所措了，不是吗？这一切显得太不正常了。但欧文斯也看得出，这个和他同场竞技的对手并没有恶意。他仔细考虑了朗的意见，的确，这一跳自己并不需要使出全力，只要可以进入决赛就万事大吉了，根本不需要有太大的压力啊。

　　朗接着说："你看，你是个能跳过 8 米远的能手，但是你的这一跳只需要跳过 7·15 米就能顺利进入决赛了。"朗的语气如此和善，"为什么不做个标记呢。"他说着，竟伸手取下了挂在自己身上用来擦汗的毛巾，鲁兹·朗走到沙坑旁，把毛巾放在了踏板的附近，"你只要在这里起跳就好了！这样就不必担心会越线了。"

　　欧文斯看着眼前的一幕，还是觉得有些难以置信，不过，朗的举动还是让欧文斯紧绷的神经得到了放松，用毛巾做标记也的确是个聪明的主意。欧文斯看了看朗，朗则信心满满地对他点点头。顾不得那么多了，欧文斯倒退几步，深吸了一口气，随即朝沙坑的方向跑去。

　　欧文斯越跑越快，他眼盯着踏板旁边朗放下的毛巾，计算了一下大概的步数，随即冲刺、起跳、腾空伸展。这一次跳跃，虽然没有踩在最为完美的点上，但欧文斯却感觉跳得很轻松、很舒服，落入沙坑的一瞬间，他就知道自己成功了。

　　7.84 米，这是欧文斯第三跳的成绩。他不但没有违例，反而跳出了差点打破奥运纪录的好成绩。

　　下午的决赛开始时，欧文斯的心态与以前已经大相径庭，他和实力强劲的鲁兹·郎一起进入了最后的决赛。而欧文斯在他的个人第六跳中跳出了无懈可击的 8.06 米，展示了自己傲人的实力，同时打破了世界纪录。

我的未来不是梦

这样的表现，让现场的观众不得不爆发出雷鸣般的掌声和欢呼声，而看台上的希特勒则铁青着脸哑口无言。

朗第一个走过来表示祝贺，他看着欧文斯欢喜雀跃的样子，也打心眼里为他高兴，而欧文斯则干脆一把将朗搂在怀中，给了他一个充满力量的拥抱。看台上的观众高呼着两个人的名字，为他们的成绩喝彩，为他们的友谊欢呼。而这也成为柏林奥运会上最让人感动的一幕。

逐梦箴言

无论何时，人总是需要朋友，哪怕你是在做一件必须独自完成的任务。一个好的朋友，无须做太多铺张，他只要肯用心支持你，就是难能可贵。而一个可以在你危难时不顾世俗的眼光拉你一把的人，必定会成为你生命中不可或缺的好伙伴。

知识链接

柏林奥运会：本届奥运会除了杰西·欧文斯独揽 4 金的壮举外，还有两项有趣的纪录诞生：美国 13 岁的格斯特林在 3 米跳板项目中摘金，她保持着夏季奥运会历史最年轻的女子金牌获得者的纪录。而年仅 12 岁的丹麦选手因格·索伦森在 200 米蛙泳比赛中夺得铜牌，也让她成了迄今个人项目上最年轻的奖牌获得者。这两项纪录不仅至今无人能破，恐怕在以后的奥运会上也再难有人出其右。

绅士的微笑
——阿列克谢·涅莫夫

阿列克谢·涅莫夫是著名的俄罗斯体操运动员，在 1996 年美国亚特兰大奥运会上，他获得男子跳马第一名，单杠、自由体操、鞍马第三名，个人全能第二名，团体组赛第一名的成绩。而四年后的 2000 年澳大利亚悉尼奥运会上，涅莫夫则更上一层楼，他凭借强劲的实力，摘下了男子体操个人全能、单杠冠军，自由体操亚军。

9 次参加世锦赛共赢得 5 金 3 银 3 铜 11 枚奖牌，两次参加奥运会各获 2 金 1 银 3 铜，其中 1996 年夺得团体、跳马金牌，全能银牌，自由体操、鞍马、单杠铜牌，2000 年获全能、单杠金牌，自由体操银牌和团体、鞍马、双杠铜牌。参加欧锦赛赢得 4 金 3 银 1 铜。5 岁开始体操训练，14 岁进入国家青年队。

这样优异的成绩，让涅莫夫在近十年的时间里几乎垄断了世界体操赛场，成为了人们口中的"体操沙皇"。

2004 年的雅典奥运会，涅莫夫的身影再次出现在赛场当中，当时的他已经 28 岁了，在体操领域里，这样的年龄可是个名副其实的老将了，不过，他看上去仍然精神抖擞，英俊的面庞上，镶嵌着一双神采奕奕的眸子，全身的肌肉都那么健硕。

涅莫夫还没等上杠，就已经赢得了满场的喝彩声，他是位深受观众和体操迷喜爱的选手，每一次比赛，他的动作都那样精彩，每一次腾空、旋转都是力与美的结合,不光难度系数高,而且完成的质量也堪称无双。

在教练的帮助下,这个老男孩儿跃上了单杠,他深吸了一口气,准备开始自己的表演。虽然,他正身处世界上最权威的体育竞技场,但他的心情并不紧张,身经百战的他对这样的场面早已驾轻就熟,何况,他已经28岁了。为了这次奥运会,他准备了很久,要知道,让一个年近三十岁的人每天都承受高负荷训练并不是想象得那么轻松的。还好涅莫夫并没有把最后的结果看得很重,"只要尽力比赛就好了,努力做好自己!"涅莫夫心想,他要用自己最精彩的表演来做一个完美的奥运谢幕。

比赛中,涅莫夫的身体辗转腾挪,他做出了六次腾空动作,这引得全场观众再一次沸腾起来,就连解说员也为此不停地叫好,所有人都惊讶于这样一名老将还能将动作做得如此高难、到位,比起前面几位更加年轻的选手,涅莫夫的表演有过之而无不及,称得上是精彩绝伦。不用说,宝刀未老的体操沙皇应该又是冠军的得主了。

最后,涅莫夫以一个漂亮的腾空结束了自己的整套表演,回到了座位上。此时,排在下一位出场的美国选手保罗,已经摩拳擦掌准备上杠了,可是,就当所有人都认为涅莫夫的表现一定可以赢得一个超高的评分的时候,现场公布出的分数却给了所有人一记响亮的耳光:9.725分——当这样一个低得分数显示在大屏幕上的时候,整个体操馆内的气氛骤然发生了变化,前所未见的场面发生了——场内的掌声和欢呼声一下子变成了嘘声、骂声、口哨声,九千多名观众竟在齐声喝倒彩,声音的分贝瞬间被扩大了不知几倍,简直震耳欲聋。这是他们对裁判打出的这个"惊人"的分数的抗议!

这样响彻赛场的声音导致比赛不得不进入暂停阶段,美国选手保罗也无奈地回到了座位上。声音一连持续了几分钟之久,而且丝毫没有停息之意。

"这简直是黑哨!","如果裁判不提高分数,我们决不答应。"这是在场每一名观众的心声,这并非人们对涅莫夫的偏袒,而是他精彩的表现有目共睹,但这个分数实在是低得超出了所有人的意料,也超出了所有人的忍耐极限。他们不容许任何人用这样不公平的分数玷污一个28岁老将多年的辛勤汗水,这是一场浩大的、正气凛然的抗议。

　　整整十分钟过去了,嘘声越来越响亮,这是从未发生过的场面,近一万名观众在为一个值得尊敬的老将伸冤,这时的他们,没有国籍之分,没有人种之别,所有人都不约而同地摇起了自己国家的国旗,站起身来对裁判施压。

　　面对这样的场景,裁判长与国际体操联合会的主席、仲裁不得不进行交涉。几分钟后,裁判将分数更改为"9.762 分",可场内嘘声依旧不止,反而越来越激烈,涅莫夫配得上比这更高的分数!

　　嘘声已经持续了 15 分钟了,没有一个人能控制这样骚乱的局面。这时,涅莫夫从座位上站了起来,他面向观众,露出了绅士般的微笑,只见他一面笑着,一面用自己的食指放在唇边,示意大家安静下来,不要在为他而阻止比赛的继续了。观众的愤怒无法平息,但眼看着这位老将的致意,所有人还是忍不住爆发出了欢呼声。涅莫夫慢慢旋转身体,向四面八方的观众鞠躬致意,他深深地弯下脊背,对这些为他喝彩的观众致以最崇高的感谢之礼。

　　在此之后,现场的局势又曾几次失控,观众们始终无法对涅莫夫过低的分数排名甘心,而涅莫夫则一次次站起身来,向看台上的"上帝"们挥手,示意他们安静下来。终于,场面得到控制了,涅莫夫再次鞠躬致意,那一刻的他,就犹如一个统领千军万马的将军,被数以万计中心耿耿的士兵感动得流下了热泪。

　　比赛结束后,涅莫夫 9.762 分的分数,仅仅排名第五,而这一次,已经是老将的谢幕表演了。但涅莫夫并不为此遗憾,因为他已经赢得了所有体操迷的心,无论他取得怎样的成绩,他永远都是那个至高无上的"皇帝"、"将军",这一天当中发生的事情,将会永远铭刻在他的心中。

面对挫败和不公的待遇，涅莫夫无可奈何，但他选择了坦然面对。他之所以可以拥有这份从容，是因为他曾经在体坛上所得到的光辉成绩，是因为他曾付出的无数汗水，世事总不会一直完美，但你并无需多说，那些一路以来见证着你的辉煌的人们，是你身边最强大的守护者。

知识链接

单杠项目的评分过程：单杠的项目由两裁判组共同完成。A 裁判组负责根据运动员一套动作的内容确定"A"分。"A"分包括：取运动员成套动作的下法加上最好的 9 个动作共 10 个动作，计算其难度价值。B 裁判负责组评定"B"分，"B"分从 10 分开始，以 0.1 分为单位进行扣分。"B"分的扣分内容包括：成套动作的艺术及完成错误、技术和编排错误。当动作完成发生艺术性和技术性偏差时，要进行扣分。"A"分和最后的"B"分加起来为一套动作最后的得分。

最美的垫底者

——阿赫瓦里

这是关于一个失败者的故事。

1968 年，奥林匹克运动会第一次在墨西哥城拉开帷幕。这也是第一次在高原举办的夏季奥林匹克盛会，特殊的地形和气候让那届奥会的马拉松比赛变得尤为艰难。10 月 20 日，马拉松比赛的选手们都只获得了平庸的成绩，毫无亮点可言。记者们例行公事般地观看了颁奖仪式并记下了获奖选手的名字，在场的观众们同样没有太大的热情，百无聊赖地望着领奖台上一张张无精打采的面孔，全都准备退场回程。

大概在一个小时以后，组委会开始通知马拉松沿途服务站撤离，而就在这时，现场的人们得到了一个让人吃惊的信息——有一个选手还在跑！略显骚动的现场马上因为这个消息而安静了下来，所有人——无论选手、记者、教练组还是观众都面面相觑并停下了回程的脚步，不约而同地开始等待这名选手的出现。

当时已是墨西哥城晚上七点多钟了，天色灰暗。这时，体育场入口的门缓缓地打开了，阿赫瓦里一瘸一拐地走进了体育场，他试图快跑几步，但是，他真的已经筋疲力尽了。在场的人们都惊呆了——阿赫瓦里那极度痛苦的表情，摇摇欲坠的身影还有沾满了血迹的绷带，所有的一切在暮霭下构成了一幅十分壮烈的画面。

1968 年，坦桑尼亚刚刚成立联合共和国不久，这是他们第一次以坦桑尼亚的名义参加奥林匹克运动会，被派来参加比赛的三位选手中，已经有两位顺利完成了比赛，但都没有获得太好的成绩，而阿赫瓦里就不同了——他是唯一一个被认为有可能能为坦桑尼亚赢得第一块奖牌的运动员，能否获得荣誉全在他的每一步之下。

比赛开始的时候，所有人都活力充沛，似乎有用不完的力气。他们调整呼吸，彼此暗中较劲。但是，在11公里以后，体力的透支和两千多米的海拔让所有的马拉松运动员都感受到了前所未有的压力，甚至当时就有选手因身体不适无奈退出了比赛。

还有人在坚持，阿赫瓦里就是其中之一。当时的他同样感到吃力，可想而知11公里可不是随便说来听听的路程。但他还能坚持下去，作为一名专业运动员，技巧的运用和非凡的体力让他有能力继续前进。可是，在比赛进行到18公里以后，长时间处于这种状态下的阿赫瓦里已经感觉力不从心，其他的选手也一样开始觉得头晕恶心，有的人中途晕倒了，倒了又重新爬起来继续跑。大家都在用毅力坚持比赛，这显然不是一场普通的马拉松比赛，超长的路程和非凡的地势再加上天气的影响，场边的记者和观众都觉得苦闷难耐，而赛场中的选手们更是觉得在接受煎熬。这样的胜利显然需要信念去支持。

紧接着，阿赫瓦里感到自己的腹部疼痛，痉挛使他难以挪动脚步，而高原反应使他头晕目眩，让他几乎失去方向感，除了要一面不停地奔跑，他还不得不努力维持身体的平衡。终于，几步之后，阿赫里瓦终于无法再支撑自己的身体，他被一名后面赶上来的选手不小心撞倒，"砰"地一声摔倒在地上。他的右腿严重受伤，当场就渗出了不少鲜血。

他的教练见状，连忙跑到他的前面，一边为他用绷带缠住还在流血的伤口，一边试探性地问他还能否继续完成比赛，其实，此时此刻教练的心里是最为矛盾的，他希望阿赫瓦里坚持比赛，为他和他的祖国赢得荣誉，而他又何尝不心疼自己的爱徒，看着他痛苦难耐的样子，想到以后的路程会愈发艰难，他自己也对此不置可否。而这时，阿赫瓦里在搀扶下缓缓站了起来，他坚定地说："能。"

　　就这样,他又重新回到了硝烟弥漫的战场。

　　他更加卖力地向前跑着,可是,每一步都要承受伤口处迸发的剧痛和全身上下的强烈不适。他从来没有觉得这样疲惫过,汗水已经浸透了他全身上下每一寸肌肤,每一处衣衫。而他已经因摔倒和调整耽误了太多的时间,想要弥补刚才错过的时间和路程,他必须更加奋力地前行,才能实现那个赢得奖牌的梦。或者说,那一刻奖牌已经离他远去了,飞到了某一个他遥不可及的地方。他,是否也曾有过放弃的念头?哪怕就在那短短的一瞬,在伤口敲打着他细微神经的那一个个瞬间,在他感到呼进的氧气已经无法吸入肺部最底层的一个个瞬间?

　　在他重新回到跑道上后不久,他的教练已经知道他无法完成比赛了,很明显,他的腿已经几乎不听使唤。奔跑,这一个在常人看来简单无比的动作,对这个身负重伤并且体力严重透支的老运动员来说,显得比飞翔还要艰难。

　　他的教练开始劝说他不要再跑下去了,这种高强度的竞技甚至很有可能在这个时候要了阿赫瓦里的命。可是,阿赫瓦里对此充耳不闻,他不断前行。虽然,他的前行太过缓慢。不得已,教练开始用命令的口吻跟他讲话了,"停下来!阿赫瓦里!听我说,我让你停下来,马上!"

　　他还在奔跑。

　　"你这个蠢材!"教练恨不得想用辱骂的方式要他马上停下来休息,"比赛结束了!结束了!奖牌已经没有了,你马上停止奔跑!"

　　阿赫瓦里的脚步没有因为任何声音而动摇。他很清楚或许其他选手已经结束比赛了,但是他硬是要挺下去。对于教练,他只给了他一次回应,就是他受伤后起身时说的那句:"能。"这也是他给所有人的回应,给自己的回应。

　　"能!"

　　他一步步向前跑着,他的举动让所有看到的人都为之动容。当人们知道了在他身上发生的状况后,都不约而同地放下手边的事情,开始把目光投向他。铺天盖地的掌声和欢呼声融入了这座城市的每一丝空气——那场比赛的冠军都没有赢得这样的赞美。

时间似乎静止了,阿赫里瓦用世界上最慢的速度做着最勇猛的冲锋。教练的呐喊,观众的喝彩,人们的议论声和汽车的鸣笛声都已荡然无存。他的心中只有一个信念:到达我应该到的地方。

当他忍着剧痛跑到进体育场时,天色已经彻底暗了下来,可就在他的脚部迈入体育场的那一刻,他迎来的却是前所未有的光明,聚光灯再一次为他闪亮起来,无数台摄像机和照相机冲着他发出了接连不断的快门声,好像每一台机器也在为他祝福。整个体育场都被震撼了,每一名观众,每一名记者,每一名选手都在用最热烈最诚挚的掌声为他鼓劲儿。温暖的光亮和温馨的喧闹声在那一刻包围了他,将这个负伤的男人从黑夜和孤单中解救出来。而真正拯救了自己的,正是阿赫里瓦本人。

终于,他冲破了终点。在搀扶下,他缓缓离开了赛道。记者马上蜂拥而至将他包围,其中一名记者问道:"既然已经知道比赛没有胜算,为什么还要继续跑下去呢?"

阿赫瓦里调整了一下难以舒缓下来的呼吸,一字一顿地说:"因为我的祖国从 7000 英里外把我送到这里,不是让我开始比赛的,而是让我完成比赛走向终点的。"说完,他望着看台上自己祖国的观众手中高举着的国旗,露出了欣慰的笑容。那面国旗在那一刻看上去似乎比任何时候都要光鲜艳丽。

如今,他生活在一个小村庄里,那里没有电视,没有因特网。当有人问起对自己现在的生活是否满意时,他说:"我对生活毫无怨言,因为我永远在奔跑!"后来,阿赫瓦里的比赛被许多评论家们誉为"奥运赛场上最伟大的一幕"。法国的《队报》曾形容他是"最美的垫底者"。

其实,是冠军或是垫底者都好。我想到了鲁迅先生曾说过的一句话:优胜者固然可敬,但那虽然落后而仍旧跑至终点不止的竞技者,和见了这样的竞技者而肃然不笑的看客,乃是中国将来的脊梁。将视野放得更宏远些,那些超越自我的竞技者,乃是人类的脊梁。

逐梦箴言

　　没有人规定不做到最好的就是失败者。你是你自己，你有你的坚持，你的信条，你的渴望。无论高贵或卑微，无论强大或弱小，你都有资格追逐你想要的东西。追自己的梦，让别人说去吧。

知识链接

　　阿赫瓦里重出江湖：2008年北京奥运会开幕前，由国内流行歌手游鸿明创作的奥运歌曲《英雄》MV拍摄现场，一个让人意想不到的人物出现了，他就是这首歌曲所描述的故事的主角——阿赫瓦里。时隔40年，传奇英雄"重出江湖"，似乎是奥运之魂对他的召唤，也是一种让人称奇的缘分。

　　马拉松的来由：马拉松赛的距离为42.195公里，是一项在世界范围内普及的长跑项目。关于这个比赛项目的起源，有一个距今十分遥远的故事。公元前490年9月12日希波战争爆发，战争就发生在马拉松海边，雅典人在战争中获得了最后的胜利，而为了让故乡人民尽快知道胜利的喜讯，统帅米勒狄派一个叫裴里庇第斯的士兵回去报信。裴里庇第斯为了让故乡人早知道好消息，他就倾尽全力奔跑，而当他将消息带到雅典的时候，他由于体力透支而倒在了地上，与世长辞了。为了纪念这一事件，在1896年举行的现代第一届奥林匹克运动会上，马拉松比赛就被设为一个奥运比赛项目，并把当年裴里庇第斯送信时跑过的路程——42.193公里作为赛跑的距离。

◎ 智慧心语 ◎

顺境也好,逆境也好,人生就是一场对种种困难无尽无休的斗争,一场以寡敌众的战斗。
　　　　　　　　　　　　　　　　　　　　　——泰戈尔

人生求胜的秘诀,只有那些失败过的人才了若指掌。
　　　　　　　　　　　　　　　　　　　　　——威·柯林斯

英雄者,胸怀大志,腹有良策,有包藏宇宙之机,吞吐天地之志者也。
　　　　　　　　　　　　　　　　　　　　　——《三国演义》

志之所趋,无远弗届;穷山距海,不能限也。志之所向,无坚不入;锐兵精甲,不能御也。
　　　　　　　　　　　　　　　　　　　　　——《格言联璧》

命运给予我们的不是失望之酒,而是机会之杯。因此,让我们毫无畏惧,满心愉悦地把握命运。
　　　　　　　　　　　　　　　　　　　　　——尼克松

不要为成功而努力,要为做一个有价值的人而努力。
　　　　　　　　　　　　　　　　　　　　　——爱因斯坦

我们必须接受失望,因为它是有限的,但千万不可失去希望,因为它是无穷的。
　　　　　　　　　　　　　　　——马丁·路德·金

第六章

随爱而动

姚明

心中永怀圣火

一个成功的运动员需要什么？天赋、勤奋、汗水，没错，还有爱。爱在我们每个人的身边，是生命中不可或缺的情感。无论是母子之间，夫妻之间或是朋友之间，爱无疑都是最大的动力，最温暖的力量。伴随着这份力量，一个冷漠的人可以和善，一个平庸的人可以伟大。

博尔特和他的小红心

——尤赛恩·博尔特

2008 年，一个叫作尤赛恩·博尔特的男子犹如飓风一般袭来，这个曾经名不见经传的牙买加小伙子在那一年的北京奥运会上，几乎是在一瞬间垄断了职业男子短跑赛场的所有奖项。100 米和 200 米短跑是世界上最能展示人类奔跑极限速度的运动项目，那一条红色的塑胶跑道上，曾有太多人上演过传世的奇迹之速。而身高 1.92 米——曾被教练评价为"不适合练习短跑"的博尔特的出现，却让从前所有的传奇作古。

北京奥运田径赛场上，尤赛恩·博尔特以 9.69 秒的成绩轻松夺冠，打破了世界纪录。令人惊叹的是，这个一马当先的音速小子在 2007 年以前的主项是 200 米短跑，直到 2007 年的年初，他才向自己的教练米尔斯提出要练 100 米。

专练 100 米之后，博尔特先是参加了在希腊克里特岛举行的第 23 届瓦迪诺伊安尼亚运动会。这是博尔特生命当中第一次参加 100 米比赛，结果他却跑出了 10 秒 03 的成绩，并一举夺金。超强的身体天赋和适应能力显露无疑。

北京奥运会的 200 米比赛开始时，博尔特同样迅猛异常，他以 19.30 秒的成绩打破了迈克尔·约翰逊在 12 年前的亚特兰大奥运会上创造的 19 秒 32 的世界纪录。紧接着，在 4 乘 100 米接力赛中，他和队友取得了 37 秒 10 的成绩，打破了美国队在 15 年前所创造的 37 秒 40 的成绩。至此，而博尔特成了历史上第一个在一届奥运会上同时获得 100 米，200 米，4 乘 100 米接力的金牌，并同时打破世界记录的人。对此，或许我们只能感叹：见过跑得快的，没见过跑得这么快的！而作为观看过那一届田径比赛的我们，则见证了奇迹，见证了历史，见证了一个举世无双的飞人的横空出世。

与众不同的是，博尔特的身高在 15 岁时就已经达到了惊人的 1.92 米，当时有专家认为他的身材实在不适合练习短跑，因为过长的手臂和腿会导致他的步频较慢，而他的身体协调能力也应该比身高低于他的人略差。教练建议他改练篮球或是排球，但博尔特却没有想过放弃短跑并最终用令人难以置信的成绩征服了全世界。

博尔特出生于 1986 年 8 月 21 日，是个标准的"八零后"，他的家在牙买加谢伍德康坦特镇，父亲是一个小杂货店的老板，母亲是个朴实的裁缝。据说博尔特出生时啼哭的声音非常大，他那惊人的高分贝嚎叫经常吓到家里人，父亲还笑说他将来能做个不错的歌唱家。

小时候的家庭生活其乐融融，可在博尔特十几岁的时候，父亲的生意却越做越差了，家里的条件也一天不如一天。夫妻俩每日都早出晚归，辛勤工作，却还是欠下了不少的债。母亲决定把博尔特送到体育学校去练习短跑。要知道，在牙买加那些社会底层人民想要摆脱苦难处境的最好办法，就是去从事体育运动，如果能出成绩，那么他所赢得的尊重和金钱都会十分可观。

母亲对博尔特的体育道路寄予厚望，家里的条件虽然艰苦，但她对博尔特却从不吝啬，为了能增强儿子的身体素质，母亲每天都更加辛勤地工作，用赚来的钱买来许多昂贵的营养品给博尔特补充体力，每一顿饭，宁可自己吃不上东西，也要给博尔特多加几块牛肉。眼看着博尔特吃得津津有味，母亲也觉得自己的辛苦是值得的。

可博尔特却还不懂事，他态度并不积极，还常常对自己的训练偷工减料，教练说过他很多次，但他还是常常偷懒，一时间，博尔特成了那所体育学校里最为臭名昭著的差生。他毕竟还是个孩子，不懂父母的心思，更不懂这个家庭对他迫切的需要。

直到博尔特 12 岁那年，母亲在他的生日时送给了他一份让博尔特至今难忘的礼物——一双跑鞋。这双鞋并不名贵，但母亲为了能支付得起这份礼物的费用，却要拼了命劳作，她白天给人抗麻袋，晚上做针线活儿，每天只睡得上三四个小时。在攒钱买下跑鞋后，母亲还在鞋上绣了一颗精致的小红心。她把鞋子送给博尔特并对她说："儿子，你拥有的是一双世界上独一无二的跑鞋，因为他包含了我对你的爱。"

博尔特被母亲感动了，他终于明白了母亲的含辛茹苦，明白了母亲对他给予的希望，他开始拼命地训练，在跑道上，他挥汗如雨，从不知疲倦；比赛时，他更是用尽所有力气想要争取一个好成绩。

功夫不负有心人，当一个天才肯为自己的事业倾尽全力的时候，那结果也是可想而知的。博尔特成功了，2008 年纽约锐步大奖赛，他以 9 秒 72 的成绩夺得冠军，并打破了世界纪录。2008 年北京奥运会，博尔特更是一鸣惊人，成为了"世界上最快的男人"。2009 年 8 月 17 日，飓风博尔特再度席卷柏林世锦赛，他以 9 秒 58 的成绩再度打破世界纪录，震惊全世界。

博尔特的成功，似乎只用了一瞬间，他卓越的天分和辛勤的汗水不容忽视，而一直在这个成功的男人背后支持他、给与他关怀和爱的，是一个同样伟大的女人——博尔特的母亲。母亲的那一颗精心缝制的小红心一直让博尔特倍感温暖，给了他无限的动力。而我们在见证了历史的同时，也看到了这个强悍的男人背后，最为柔软的故事。

在接受采访时，人们问他："你作为世界上比法拉利还强的'发动机'，你不断突破自己的动力是什么？"

博尔特回答道："因为我的心是由爱组成的，我爱我的母亲，爱这个世界上关心我的每一个人。"

逐梦箴言

一个现在看上去光芒四射,形象伟岸的成功者,都有他不为人知的经历。他们和你一样,有家庭,有父母,有哭有笑,有渴求。当你在前进的路上遇到艰难,不要忘记你的身边还有一群永远陪伴你、支持你的人——你的家人。他们能给你别人给不了的温暖与力量。

知识链接

希腊克里特岛:希腊克里特岛,希腊最大的岛屿。面积8336平方公里,人口约50万(1980年)。岛上有山地和深谷,自然风光秀丽,还有断崖、石质岬角及沙滩构成的海岸。是地中海文明的发祥地之一。

迈克尔·约翰逊:迈克尔·约翰逊,1967年9月13日生,美国人。是奥运会史上唯一一个包揽男子200米和400米跑两枚金牌的选手,享有"阿甘"的美誉。

牙买加:牙买加的名称起源于印第安语,是"林水之乡"之意。是南美洲加勒比海地区的一个岛国,牙买加本岛至迟在公元前5世纪成为印第安人阿拉瓦克族居住地。1494年哥伦布来到此地,1509年西班牙入侵,宣称牙买加为其殖民地并改名为"圣地亚哥"。从16世纪开始,牙买加多次遭到法、英、荷兰等国的海盗侵袭。1670年,被西班牙割让给英国,此后的150年均由英国统治,期间黑奴也曾有过起义,但是情况并未有太大好转。1872年金斯敦正式成为牙买加首府后数十年,经济开始发展,但社会和文化发展受殖民当局的控制,直到1962年8月6日牙买加才真正宣告独立。所以文中提到的博尔特贫苦的生活境况是由当时牙买加的历史背景及社会现实所导致的。

小巨人和他的朋友们

——姚明

"第一人"的称号总是惹人注目的,尤其是当它落在一个身高 2.26 米的上海男孩身上的时候。2002 年 6 月,来自中国上海的姚明以"状元"(首轮第一顺位)的身份被休斯顿火箭队选中,这让他成为中国第一个 NBA "状元",也成了 NBA 历史上第一个外籍"状元"。

这样的经历,让姚明还没等打上一场正式的美国职业男篮比赛,就成了被亿万人关注的对象。虽然之前的他在中国的篮球界已经是家喻户晓的明星,他的个人能力以及在球场上取得的成就也都非同小可,但别忘了,那只是在国内赛场上取得的成就。一旦踏上 NBA 的篮球旅程,他将要面对的绝对是前所未有的挑战。

前面说当时的他还是个男孩,这一点不假。虽然他强壮的肌肉和鹤立鸡群的身高让他显得如此威猛,但这一切却没法改变他青涩的面庞上略显无助的表情——这是他刚刚进入 NBA 时常有的神态。初入他乡的不适让这个 22 岁的大个子有了不少担忧,语言不通、饮食不惯只是小事,他肩上最重的担子,是十几亿中国人对他的关注与期待,还有这片陌生的土地上一切陌生的事物:好奇的或鄙夷的目光、来自媒体的正面的或是负面的预测、篮球评论员们期待的或是质疑的声音以及比国内篮坛不知高出多少的篮球竞技水平。

在第一次美国的新闻发布会上,姚明有些羞涩地坐在讲台后面,面对着无数举手发言的记者和"咔嚓"直响的快门声,他的翻译帮他表达着他想说的一切,这让他感觉有些别扭。这样别扭的感觉最为明显的体现,就是当姚明和火箭队的队友一起训练的时候,试着想象一下,当你在嘈杂的篮球场中不停奔跑、跳跃,集中精力进攻和防守的时候,你所听到的声音却是你完全听不懂的,那是怎样的感受? 每当教练在姚明的耳边对他说一些训练时需要注意的事项时,每当姚明需要指点的时候,扑面而来的却是"乱七八糟"的美式英文。本来已经很难理解和实践的进攻战术此时更是变成了"天方夜谭"。为此,翻译不得不随时跟在姚明身边,为他表达和吸收他想说、想听的一切。

姚明俯下高大的身躯把耳朵凑近他的翻译:"他刚说什么?"

"他说今天中午吃中餐!"他的翻译笑着说。

"哦。"姚明显得有些尴尬。在场的队友和教练都友好地笑了起来,笑这个大男孩的憨厚可爱。

幸运的是,大个子姚明遇到了一群善良的朋友,他们就是他在休斯顿火箭队的队友和他的主教练汤姆·贾诺维奇。在第一顺位被选中,充分说明了整个火箭队对于姚明的重视,他们希望这个东方小巨人可以为自己的球队带来更好的统治力和季后赛成绩,而姚明的实力也的确强劲。作为一个两米多的大个子,他有不输给后卫的投篮手感,这在NBA中可以说是十分罕见的,而他也有非常灵活的脚步移动,最难得的是他对比赛的领悟能力和他善于思考的个性。他唯一缺乏的,就是经验,还有一个适应高强度对抗的过程。

他的队友们时常在身边鼓励姚明,除了在球场上给他更多的机会、教给他更多的经验外,他们还时常帮姚明锻炼他的英语,这让姚明感觉到格外的温暖,他也许没有想到自己来到异国他乡后,会体会到在家一样的感觉。有一些NBA的退役球星,像比尔·沃顿还时常来关注他,传授给他不少技巧,而他的教练则始终坚信姚明一定能够在未来成为NBA巨星。

姚明的勤奋是众人皆知的,但俗话说万事开头难,他的第一次NBA正式亮相发生在2002年10月31日客场对阵步行者队的比赛中,所有人都将眼球和镜头对准了这个中国"状元",但姚明的表现并不尽如人意,那场比赛他一分未得,而且显得对快速、激烈的比赛有些不适应。可想而知,媒体的口诛笔伐马上开始了。"水货状元"、"傻大个儿"、"超级菜鸟"这样的评价不断困扰着小巨人,但姚明并没有丝毫的畏惧,他只是表现得比从前更加勤奋,他努力去从训练场上吸取更多的养分;姚明的朋友们也没有,他们依旧信任这个年轻的大个子,像从前一样帮他进步,和他开着友善的玩笑,他的教练也信心满满地说:"我相信他有朝一日会成为超级明星!"

给中国球迷留下印象最深的,还要属火箭队里那个叫做史蒂夫·弗朗西斯的控球后卫,他虽然贵为NBA中备受瞩目的一线巨星,但他从不耍大牌、摆架子,尤其是在姚明面前,他显得更加和善,姚明入队不久,两个人就成了十分要好的朋友。作为一名老兵,他时常为姚明打气,"别把他想得那么可怕,大个子,只要你挺起胸脯,就没人是你的对手!"弗朗西斯用力捶了捶姚明的胸脯,"我们不行,他们也不行,你才是最好的!"姚明被敲得有些疼,但他还是开心地笑了。

还有来自斯洛文尼亚的小前锋纳克巴,他和姚明同一年被火箭队选中,同为新秀的两个人虽然在球队中的地位有着天壤之别,但他们却志趣相投,总有聊不完的话题。闲来无事的时候,两个"菜鸟"经常一起窝在公寓里打电动游戏,两个两米多的大男孩,一旦嬉笑打闹起来,颇有拆到公寓楼的气势。还有"老猫"莫布里、硬汉卡托等等都始终站在姚明的身边支持他,这让姚明感到了前所未有的动力。要知道有时候,天赋和勤奋只是获取成功的一部分因素,在篮球场上,良好的心态和临场发挥显得更为重要。小巨人有天分,肯努力,他的队友们所给他的信心和勇气,则让他更敢放手一搏。

"我们挺你!中国长城。"队友们说,"干掉对面那几个蠢货。"这样充满气势的叫阵声时常卷入耳畔。

终于,在经历了几场正式比赛的磨练后,姚明开始步入了正轨了。他灵巧的低位进攻,高效的投篮、坚韧的防守和积极的跑动让更多人认识了这个中国人。姚明的第一次得分,第一次扣篮,第一次助攻,他都记在自己心里,帮他铭记这些时刻的,还有他的队友们。

几个星期前还被看成"一无是处"的姚明进步神速。

一场比赛中,作为新秀的姚明和联盟第一猛兽"大鲨鱼"在场上展开了激烈的对抗,却丝毫不落下风。初来乍到,他就给了这个横行 NBA 的霸主不小的威慑,中间还赏了"鲨鱼"两个实实在在的盖帽,这让所有美国人也为之惊讶。再到后来,在演播室中戏谑地说"如果姚明能在赛场上得到 19 分,我就去亲吻驴屁股"的查尔斯·巴克利也在不到一个礼拜的时间里兑现了自己荒谬的承诺。那场比赛,姚明面对的还是"奥尼尔",他砍瓜切菜般取得了 20 分入账,丝毫不留情面。

"你看,我说什么来着?就知道你能行。"队友们如是说。

一次,在和太阳队的比赛中,对方球员"小霸王"斯塔德迈尔在姚明头上扣篮成功后,怒视姚明并对他大吼,他的举动实际上并无恶意,只是宣泄激情和耀武扬威的手段罢了,但姚明的"铁哥们"弗朗西斯可看不下去这场面,他担心这个腼腆的大男孩儿受欺负,一个箭步冲到斯塔德迈尔身边,狠狠地推搡了他一把,冲他大叫着:"别碰我兄弟!"

几年过后,小巨人的实力大增,他成为了球队的顶梁柱,NBA 第一中锋的最有力竞争者,从一个出场时间有限的替补变成了球队不可或缺的当家将领。"移动长城"、"明王朝",一个个霸道、响亮的绰号随着姚明的进步而越叫越响。可是,那些曾经朝夕相伴的队友们却因为种种原因而陆续离开了火箭队,退役、转战、交易、伤病这样的离别在 NBA 中实在是太常见了,不久后,汤姆·贾诺维奇也辞去了主教练的职位退隐江湖。火箭队的原班人马只有姚明还依然挺立,他并不孤单,他的身边有了新的朋友,新的教练。如今的他真的变成了当初人们所期待的超级巨星,英语也说得相当流利。可他从不对别人说的是,他想念那些散落在世界各地的兄弟们。

伤病让姚明提前结束了自己的职业篮球生涯,到 2011 年 7 月他宣布正式退役时,他只在 NBA 征战了 9 个年头。但不得不说,那时的姚明已经取得了相当大的成就,他不仅在 NBA 和全世界篮球赛场上证明了自己强大的实力,更没有辜负每一个对他满怀期望的中国人。可是,当所有人都赞美姚明傲人的身材和勤奋的作风时,也许只有姚明自己最为清楚,那些曾经陪伴他的队友,那些跟他共同挥汗如雨的兄弟们对他的成功作了多大的贡献。

退役演讲上,西装革履的姚明面带微笑,从容地面对着在场的所有人,那一刻,他更加清楚地回忆起,当年那场在美国的新闻发布会上,他有些羞涩地坐在讲台的后面,他的队友们对他笑时的样子。

逐梦箴言

在运动的领域里,很容易碰到志同道合的朋友。他们和你有着共同的追求,共同的目标,这份友谊或许突如其来,但是它稳定,它纯真,珍惜这样的朋友,他们将是你生命中莫大的财富。

知识链接

汤姆·贾诺维奇:全名鲁迪·汤姆贾诺维奇,美国篮球教练,原NBA球星,1948年11月24日出生于美国,1970年被圣迭戈火箭队选中,其后他一直效力于此队直到1981年退役。他曾五次入选NBA全明星赛,1992年任休斯顿火箭队教练。作为教练,汤姆贾诺维奇曾说过一句著名的话:"Don't ever underestimate the heart of a champion"——永远不要低估一个冠军的心。

史蒂夫·弗朗西斯:1977年2月21日出生于美国马里兰州塔科马帕克,美国职业篮球运动员,司职控球后卫。于1999—2000赛季前被温哥华灰熊队交易至休斯顿火箭队。

我的未来不是梦

纳克巴：全名波斯简·纳克巴，1980 年 4 月 3 日出生于前南斯拉夫斯洛文尼格拉代茨，职业篮球运动员，司职小前锋，效力于莫斯科迪纳摩队。因其球风偏软、对抗能力弱、缺乏热情影响了他的防守效率，目前只能算是合格的角色球员。

查尔斯·巴克利：NBA 篮球史上著名的大前锋之一，1963 年 2 月 20 日生于美国亚拉巴马州利兹市。在 NBA 中，他的名气几乎和乔丹一样响亮，但是没能和乔丹一样得到那么多荣誉。

斯塔德迈尔：全名阿马雷·斯塔德迈尔，1982 年 11 月 16 日出生于美国佛罗里达州莱克威尔斯，美国职业篮球运动员，司职大前锋与中锋。斯塔德迈尔具有可怕的爆发力，是力量速度弹跳兼备的球场霸王。

妈妈是战士

——丘索维金娜

丘索维金娜终于可以过上无忧无虑的生活了,她不必再频繁地出入训练馆和赛场,不必再每天穿着被汗水浸透的运动服了。这位前乌兹别克斯坦女子体操健将退役了。她已经获得了足够多的荣誉,拿到了足够多得奖牌。现在,他有了一个爱她的丈夫和一个可爱的儿子,是该享受天伦之乐的时候了。她曾是女子体操界的不败王者,从 1993 年开始直到现在 2006 年,丘索维金娜在各大体育赛事中共赢得过 70 余枚奖牌,而在国际体操联合会,更是有三个动作是以她的名字命名的。1996 年亚特兰大奥运会之后,丘索维金娜决定退役,三年后,她和丈夫——一名叫做巴克德尔·克帕诺夫的摔跤运动员两人拥有了一个叫做阿里什的男孩。没想到好景不长,2002 年,小阿里什不幸患上了白血病。这个噩耗对丘索维金娜一家人的幸福生活简直是晴天霹雳。

并不富裕的丘索维金娜一家,哪里有钱支付昂贵的医药费呢?眼看着儿子的身体日渐虚弱,丘索维金娜作出了一个决定——复出体坛。她决定重操自己的老本行,这是她能想到的唯一的赚钱的途径了,"一枚世锦赛金牌等于 3000 欧元的奖金,这是我仅有的办法。"丘索维金娜说。要知道,当时的她已经 27 岁了,"复出"这个决定无疑是个巨大的挑战。

33 岁的丘索维金娜——一位年轻的母亲,一位年迈的运动员。在体坛征战近 20 载的她,本已无欲无求,这一刻,她却化身成了一个特别的斗士,和那些小她 10 岁甚至 20 岁的运动员们站在一起,丘索维金娜的身影显得有些突兀。她的目标只有一个——拯救她心爱的儿子。荣誉、尊严等等大气的说辞已经不属于这个瘦瘦的女人,她毫不避讳自己就是想要奖金,因为奖金可以帮她救活自己的骨肉。

自此之后,丘索维金娜一直战斗在赛场上,以一个母亲的身份。有些时候,她会在一场巡回赛中参加全部女子项目的比赛,而不是专注于一两项,目的只是为了能够赢得更多的奖金。她只是一名身高 1.53 米体重 44 公斤的女子,却为了自己的儿子,激发了自己所有的能量。丘索维金娜说:"对我来说,儿子就是我全部的生命。只要他还生病,我就一直坚持下去。他就是我的动力。"

目前,她已经夺得了世锦赛跳马冠军,而欧锦赛上她再次获得了金牌,成为单项夺得冠军年龄最大的女选手,这也是继德国女队时隔 23 年后第一次获得欧洲冠军金牌。丘索维金娜非常感谢德国队给予她的支持与帮助,她表示希望今后能够用自己的成绩来报答他们。

2008 年北京奥运会,丘索维金娜以 33 岁高龄参加比赛,并以惊人的成绩给了关心支持她的人一份满意的答卷。她说:"之前人们都说,女子体操运动员 20 岁之后就很难继续,但是现在有越来越多的姑娘们在 20 岁之后还在参加比赛。这是件好事。我已经参加这项运动 25 年了,我依然如此爱它。我喜欢训练、喜欢参加比赛,我希望自己能一直坚持下去。目前,我的目标是 2012 年伦敦奥运会。"如今,37 岁的德国老将丘索维金娜仍然活跃在体操的赛场上,并且成绩斐然。

母爱的力量能让一个人走多远?丘索维金娜会告诉你最好的答案。从完成梦想后的退役,到为子无怨无悔复出;从一名优秀的运动员,到一个平凡母亲最简单的梦想,丘索维金娜用自己的付出证明了这世上最伟大的情感——母爱。

为了儿子,她逼迫自己不能生病,不能退役,不能放弃任何机会;为了儿子,她和丈夫变卖了家里的房子和汽车,移居到医疗条件较好的德国,披上了德国的战袍;为了儿子,她一次又一次地忍着刀割般的疼痛,只为把每个动作做好后能够得到奖金。因为她心里清楚,这是救儿子唯一的办法,她必须要撑住,要义无反顾地走下去。

棱角分明的面庞,男人一样的短发,永远微笑的姿态,面对这个世界,她不曾说过一句抱怨,因为她知道,世上最珍贵的东西,她早已得到。

逐梦箴言

爱是世间最圣洁的情感,它能让人的心灵变得纯净,能赋予人超越一切的力量。丘索维金娜,一名出色的运动员,一位伟大的母亲——她看起来无比坚强,其实她的内心,比海水还要柔软。

知识链接

汤姆·贾诺维奇：全名鲁迪·汤姆·贾诺维奇，美国篮球教练，原NBA球星，1948年11月24日出生于美国，1970年被圣迭戈火箭队选中，其后他一直效力于此队直到1981年退役。他曾五次入选NBA全明星赛，1992年任休斯顿火箭队教练。

巴克德尔·克帕诺夫：巴克德尔·克帕诺夫，乌兹别克斯坦的一名摔跤运动员，曾代表乌兹别克斯坦出征奥运会。2002年，儿子检查出白血病，放弃摔跤事业，一心在家照顾儿子。2008年儿子病情得到好转，重新回到摔跤事业中，现在是一名资深的摔跤教练。

另：据悉，如今丘索维金娜的儿子的病情已经有所好转，只需要定期检查，没有生命危险。现在，她的儿子看起来和普通孩子一样，活泼好动，开朗大方，据丘索维金娜透露，她的儿子十分喜欢踢足球。

忘年深情

——萨马兰奇与邓亚萍

他满怀慈爱地,轻轻地抚摸了一下她的脸颊,这个身材矮小却充满朝气的姑娘脸上,顿时露出了喜悦的笑容。目光相对的那一刻,她感受到了他对自己的赞许与关爱。"明年的巴塞罗那奥运会上,如果你拿了冠军,我还亲自为你颁奖。"她的耳畔响起了去年他的话,她知道,她实现了自己的承诺。

1991年,世界乒乓球锦标赛的颁奖仪式上,嘹亮的中国国歌响彻整个会场,这个身材矮小却目光笃定的女子站在领奖台上,内心无比激动。这时,一个在远处一直看着她的老人站起了身,微笑着走到这个姑娘面前,将奖牌颁给了她。显然,他非常欣赏她在比赛中的高超球技和勇猛球风,随后,他又盛情邀请她到洛桑国际奥委会做客。宴会上,老人表示如果她还能够获奖,他依然愿意做那个颁奖人。今天,他们的约定实现了。

她是邓亚萍,一个神话般的中国女子运动员。

他是萨马兰奇,一个传奇的国际体坛首脑。

几年后,2001年7月13日,国际奥委会第112次会议决定第29届奥运会主办城市的关键日子,下午6时,中国申奥代表团开始陈述。大约半个小时之后,她缓缓地走上台,用流利的英文开始了她的演讲。演讲完毕,她深情地望了一眼坐在主席台正中间的那个老人,老人也用期许的目光静静地看着她,似乎他们彼此都读懂了各自的"心声"。演讲十分成功,掌声如潮水般涌来。

大约两个小时过后，这位老人走上讲台，向全世界宣布："第29届奥运会主办权属于——北京！"那一刻，她激动地流下了炽热的泪水。

他们共同的心愿，终于实现了。

而这一天，是萨马兰奇老人最后一次主持国际奥委会会议，第二天，新的奥委会主席即将上任，萨马兰奇则将退休离任。在此之前，这位老人曾再三表示，希望在他在任期间能够看到中国获得奥运会的举办权，今天，他终于能够无憾地离开这个舞台。

1997年，邓亚萍退役了，她说："将来，我可能会到国外去，但那是为继续学习和深造，进一步充实自己。记住：我绝不会拿起球拍，打我们中国人，因为那是我的根基，我人生的依托！"萨马兰奇听后十分感动，更非常赞同她的选择，他鼓励她好好深造，并告诫她等她成功了之后一定要回到自己的祖国，为自己的国家效力。带着他的教导与鼓励，她走进了清华校园。

经过她勤奋刻苦的学习与努力，她迎来了一个出国深造的好机会，邓亚萍被列为清华大学与英国剑桥大学的交流名单，有了一次绝好的学习机会。到英国不久，国际奥委会运动员委员会要召开会议，邓亚萍受邀上台讲话。当她开口的那一刻，萨翁着实被她感动了，这个之前一点英语都不会的姑娘，竟然能在这么短的时间里，用一口流利的英文上台演讲，而且毫无羞涩生疏之感。演讲完毕，老人站起来带头为她鼓掌。会下，两个人坐在一起聊天，当萨翁知道邓亚萍出国留学的费用十分昂贵时，当即便决定要由奥组委替她承担这笔费用。他欣赏她，更疼爱她。

北京奥运会申办期间，作为申办奥运会形象大使的邓亚萍，奔忙于世界各地。有一次，她与萨翁一起同机而行，老人问："这次去哪儿呀？""去卢森堡，拜访大公（国家元首、国际奥委会委员）。"亚萍回答。"联系好了吗？"老人问。"没有，只好等下飞机再说了。"亚萍答。

可等她下飞机的时候，中国使馆人员已经在机场等候多时，正准备带亚萍去卢森堡。

他无声地为她做着一切，这份恩情，她一直记在心里。

有人说,萨邓的这份交情成就了中国人的奥运之梦;也有人驳斥说,萨翁对亚萍的这份"偏爱"是无关名利与国籍的,是最纯洁的情感。而我想,不管怎样,岁月早已给了这份情谊最深的厚爱,他们欣赏着彼此,也或许有那么一刻,他们的灵魂有过交融。

2010年,他走了,永远地离开了这个世界。她一时间悲痛难掩,却还是笑着祝福他一路走好。她知道,她会带着他给过的关怀与勇敢坚定地前行,因为就在这一刻,天堂里正藏着一颗宽厚而又仁爱的心,会永远陪着她风雨兼程。

逐梦箴言

罗兰曾说:"爱是生命的火焰,没有它,一切将变成黑夜。"这世上有一种爱,能够超脱一切束缚,它无关年龄,无关国籍,甚至无关生死。它悄悄地绽放,静静地升华,虽然,那火光并不炽热,但它就如那山谷下绵延的溪流,永远地流淌在彼此心田,

知识链接

邓亚萍:邓亚萍,河南郑州人,前中国女子乒乓球队运动员,运动生涯中曾获得过18个世界冠军,连续两届4次奥运会冠军,被誉为"乒乓皇后",身高仅1.55米的她是乒坛里名副其实的"小个子巨人"。1997年退役后进修个人学业,2010年9月26日任人民日报社副秘书长兼人民搜索网络股份公司总经理。

◦ 智慧心语 ◦

朋友看朋友是透明的，他们彼此交换生命。双方的声音笑貌在那里互相模仿，心灵也在那里互相模仿。

——罗兰

谁要在世界上遇到过一次友爱的心，体会过肝胆相照的境界，就是尝到了天上人间的欢乐。

——罗曼·罗兰

母爱是一团巨大的火焰。

——罗曼·罗兰

爱别人，也被别人爱，这就是一切，这就是宇宙的法则。为了爱，我们才存在。有爱慰藉的人，无惧于任何事物，任何人。

——法·彭沙尔

爱是恒久忍耐、又有恩慈。爱是不嫉妒，爱是不自夸，不张狂，不做害羞的事，不求自己的益处，不轻易发怒，不计算人的恶，不喜欢不义。只喜欢真理。凡事包容，凡事相信，凡事盼望，凡事忍耐，爱是永不止息。

——《圣经·新约·哥林多前书》

心灵不在它生活的地方，但在它所爱的地方。

——英国谚语

第七章

英雄丰碑

迈克·菲尔普斯

◦导读◦

　　有人说,他们是一群被上帝派遣到人间诠释运动的魅力的精灵;也有人说,他们在竞技场上恐怖的统治力就如同嗜血的魔鬼。观众因为他们上演的精彩而疯狂,对手因为他们表现的强大而绝望。

　　他们拥有与生俱来的敏锐、迅猛、犀利、聪颖,他们之中的一部分人,甚至因为在自己所属的运动领域表现得太过强大而被称之为"变态"、"变种"。上天向他们的身体当中"注射"了常人无法拥有的强化剂而使得他们无往不利,百战不殆。他们为我们上演了一场又一场无法复制的饕餮盛宴,无论是天使还是魔鬼,他们都是运动领域里被敬若神明的王者,而他们的演出和他们背后的故事,也必然成为人们脑海中无法磨灭的影像。

上帝身着 23 号球衣

——迈克尔·乔丹

谁是地球上最伟大的篮球运动员？这个问题已经被重复问过太多次，但是不管争论再怎么激烈，答案最后还是会毫无悬念地落在同一个人的头上——迈克尔·乔丹。

有一句话叫"萝卜白菜，各有所爱"，其实每个球迷的心目中，都有一个让自己魂牵梦绕的偶像球星，而每个喜欢打球的人，在学习篮球的过程中，也都有一个自己一直在学习、在模仿的对象，他们成为每一个篮球手独有的动力源泉。有趣的是，已经从职业赛场正式退役了将近十年的乔丹的名字却一直是这些"偶像"和"模板"当中通用率最高的人物。而把乔丹奉为偶像的也不仅仅是球迷和观众，他甚至是很多职业篮球选手的崇拜对象，就算你是一个对篮球一窍不通的人，恐怕也不会不知道迈克尔·乔丹的名字。

1983 年，NBA 赢来了这个让人瞠目结舌的新秀，作为"一年级新生"，乔丹给人留下的印象极为深刻：他拥有 198 厘米的标准得分后卫身高，他的身体柔韧性和协调能力极强，可以在两人甚至三人的包夹之下灵活穿梭；他的速度和爆发力极强，经常可以看见他在八九米外忽然启动，冲到篮筐下却只用两秒钟；他的弹跳能力和球感极强，如同霹雳般的扣篮和魔术表演般的拉杆都是家常便饭。

还是个菜鸟的乔丹，就曾在对阵传统强队——波士顿凯尔特人队的比赛中有过"逆天"表演。这个初出茅庐的小子在一群老牌巨星的地盘来了个"大闹天宫",他狂轰乱炸,一场比赛砍下了 63 分,这让负责防守他的"大鸟"拉里·伯德五体投地:打了一辈子篮球,从来没见过这样的球员。虽然伯德严肃的表情仍然努力保持着大将风范,但他在接受媒体采访时的那句"上帝今晚穿上了 23 号球衣",无疑是对乔丹最直接的赞赏和敬佩。

这个神奇的 23 号的确前无古人,我们甚至已经无法用平常的词汇来形容他的能力,他五花八门、匪夷所思的动作让很多人怀疑他或许不是地球人,他能像洪水一样瞬间冲刷过对手的防线,也能像闪电一般在天空中兴风作雨,而其动作之优美,完成度之高超,杀伤力之恐怖不仅让他成为 NBA 联盟中人见人畏的天空杀手,更在不知不觉间把曾经那充满肌肉对抗和无聊传球的篮球运动升华成了一种艺术。

当然,宝剑锋从磨砺出。乔丹虽拥有魔鬼一般的身体素质,但他最让人称道的却是对于训练的执着,这个天才不会放弃任何机会去磨练、钻研自己的球技,虽然是天赋最高的一个,但他对训练从不懈怠,态度甚至比 NBA 中的任何一名球员都要积极。

说来有趣,当乔丹还是个高中生的时候,他曾因为身高方面的劣势而被校篮球队拒之门外,据说那个时候的他还不到 180 厘米,而球队的教练不认为这样一个小个子能在篮球场上有所作为。不过根据乔丹后来在职业赛场上狂风暴雨般的表现来看,那位教练一定为当初那个愚蠢的决定悔恨了很久。

俗话说,出头的橡子先烂,这句俗语在乔丹的身上同样应验了。在乔丹进入联盟的第二个赛季,他的表现太过优异,称霸联盟的嚣张跋扈的球风让以埃塞亚·托马斯为首的一干老牌球星颇为不爽,他们私下商议,准备在那一年的全明星赛上孤立乔丹。那场比赛,作为乔丹的队友,他们尽一切可能不给乔丹传球,曾经在场上生龙活虎的乔丹被冷落了,他得到的出手机会少得可怜,像一个孤独的看客。可是,在赛后笑得十分开心的托马斯却没有想到,自己已经和一个惹不起的人结了梁子——在接下来的比赛里,乔丹面对托马斯率领的底特律活塞队,狂砍 48 分,让这个嫉妒心过强的人尝到了苦头。而 1992 年"梦之队"在选拔球员时,已经如日中天的乔丹一句"有他无我"则让美国队不得不忍痛割爱,取消了托马斯的参赛资格。

有仇不报非君子,这样的性格在乔丹身上体现得淋漓尽致。他的"神权"是不容侵犯的。他的能力已经有目共睹,但偏偏就是有人想借此哗众取宠,他们声称自己是"迈克尔终结者",声称要给乔丹点颜色看看,不知这些人在赛前的这些无稽之谈到底有何目的,但他们殊途同归——遭遇了比赛中被乔丹戏耍的待遇。乔丹会有意在这样的人头上轰下高分,并尽全力防守,让这些所谓的"终结者"一筹莫展,比赛结束后,他们却只能用"恐怖"这样的词来形容乔丹。由此我们也不难看出,乔丹对于比赛的掌控能力的炉火纯青。

有人说,和乔丹生在同一时代的篮球运动员生涯会带着悲剧性色彩,因为无论这些人有多么优秀,多么强大,无论他们的技术风格多么独树一帜,取得的荣誉多么耀眼,他们最终也都会被乔丹的光芒所笼罩,所压制,因为这个叫迈克尔的男人实在是过于强大,做一个略显出格的比喻,如果和乔丹在同一时代竞争的球星比作战国时期的强国的话,那乔丹无疑是秦国,他有统一天下的能力,他是一名无懈可击的篮球运动员。但从他在 NBA 中所获得的荣誉也可以看出这一点:6 次 NBA 总冠军,6 次 NBA 总决赛最有价值球员,5 次常规赛最有价值球员,10 次 NBA 得分王,14 次入选全明星阵容并 3 次获得全明星赛最有价值球员称号,10 次入选 NBA 最佳阵容评选等等,不胜枚举的头衔都是对乔丹最好的证明。

乔丹的成功也不仅局限在 NBA 球场上,他凭借着自己出神入化的球技和统治力,将 NBA 推广到了全世界每一个角落,如果没有迈克尔·乔丹的出现,也许这个世界上还有很大一部分人不知 NBA 为何物,乔丹让这个篮球联盟成为好莱坞以外又一无可阻挡的美国文化,他为联盟带来的收入至少在 100 亿美金以上。再说到他和耐克品牌之间的渊源,则会有更多的长篇大论了,风靡全球的"Air(飞人)"系列,成为了最炙手可热的运动产品,这都可以说是乔丹的功劳。而如今,"飞人"、"上帝"、"篮球之神"这些属于

我的未来不是梦

乔丹的华丽的名号似乎就要和"你好"、"再见"等等日常用语一样广为人知了。就连乔丹自己也曾说过：I've reached the pinnacle of my career. I just feel that I don't have anything else to prove.（我已登上了事业的顶点，在篮球场上，已经没什么再需要我去证明的了。）

这样一位超级巨星的出现，对喜欢篮球、喜欢运动的人来说，无疑是一种福分，或者说是一种恩赐。那些由迈克尔·乔丹创造的一个又一个经典瞬间，也将会被永远铭记。

逐梦箴言

俗话说"能者多劳"。其实我们可以这样理解这个词汇：你拥有的天赋越高，那你要经历的考验也会越艰难。不要总是羡慕别人登顶的威风凛凛，他们之所以站得比你高，是因为他们走的路程比你多，背负的担子比你重，想要成功的信念也比你更坚定。

知识链接

迈克尔·乔丹励志名言：

我可以接受失败，但我不能接受不战而退。

我打篮球是因为我热爱篮球，与金钱无关。

我曾经历过很多的失败，很多很多，一次又一次，这正是我成功的原因。

如果自己被当作某场比赛的最佳球员，我就得向人们展示自己有那种水平，是因为我比别人更努力、付出更多。我的成功并非来自安逸享受。

天空是我的极限

——伊莲娜·伊辛巴耶娃

说到"伊莲娜"这个名字，或许大家并不陌生，那首旋律清新的法语同名歌曲，曾在几年前风靡一时，在很多朋友的音乐播放器里反复播放。歌曲中唱的是一个渴慕爱情的漂亮女孩儿，而我们故事的女主人公的名字同样叫伊莲娜，她也同样是个美丽的女子。不同的是后面这位伊莲娜，她不光拥有一张好看的脸蛋儿，还掌握着一项堪称"独孤求败"的绝技，她就是28次打破世界纪录的女子撑杆跳运动员——伊莲娜·伊辛巴耶娃。

俄罗斯姑娘伊莲娜·伊辛巴耶娃出生在伏尔加河畔的伏尔加格勒，或许正是这条波涛汹涌的大河造就了这个姑娘开朗、自信的个性，伊辛巴耶娃的父亲是个辛勤劳作的工人，母亲更是在锅炉房里工作了二十几年，但出身贫寒的伊辛巴耶娃并没有为自己的家庭背景感到羞愧或难过，小时候，如果身边的哪个敢为此取笑她，她绝对会和那个"不知趣"的同学打成一团。

说起伊辛巴耶娃的运动道路，还不得不提起她的母亲娜塔莉。娜塔莉在上大学的时候，曾是个不错的业余篮球运动员，她认为自己的女儿也应该去从事体育活动，于是伊辛巴耶娃在 5 岁的时候就被送到了伏尔加格勒少年第 5 体校练习体操，这一练，就是整整 10 年的功夫。而在伊辛巴耶娃 15 岁那一年，这个小姑娘的身高却一下长到了 1.70 米，身材过高的她不得不从此放弃了体操，改练了另一个项目——撑杆跳。

十年的体操功底让伊辛巴耶娃具备了很多优于其他同龄人的身体优势，比如超强的柔韧性和协调能力。但撑杆跳这样的项目，对于一个15岁的小姑娘来说可绝非易事，小伊莲娜为此付出了很多的汗水、泪水。不过，细细统计伊辛巴耶娃此后取得的成绩，很多人又不得不说，或许她命中注定就是为撑杆跳这个项目而生的。

1998年，仅仅练习撑杆跳一年的伊辛巴耶娃就参加了莫斯科世界田径锦标赛，并且一鸣惊人地斩获了冠军头衔。这次夺冠之后，她又一发不可收地在2000年的智利世锦赛上夺冠。而这一切，还只是个开始，经过很多大大小小的比赛后，伊辛巴耶娃又在2003年7月13日的国际田联大奖赛上以4米82的成绩夺冠，并一举打破室外撑杆跳世界纪录。紧接着，仅仅七个月之后的2004年的2月，伊辛巴耶娃又在第15届撑杆跳明星邀请赛上创造了室内撑杆跳世界纪录，这一次她跳过的高度比上次的成绩还高了1厘米。如此的成绩不光让伊辛巴耶娃受到了体育界的一致好评，也为她将在同年参加的雅典奥运会打下了良好的心理基础。

不过，和所有体育项目一样，撑杆跳的领域中也是高手如云，而高手之间的明争暗斗，更是体育竞技的趣味所在。伊辛巴耶娃在2月创下的世界纪录，被另一名强悍的选手费奥法诺娃在一周后以4米85的成绩打破了。伊辛巴耶娃怎会善罢甘休？3月6日，布达佩斯巨星的室内田径锦标赛上，她再度夺魁并重新打破世界纪录，而这一次，她的成绩是4米86。以1厘米的优势超越极限，或许有了一分戏谑对手的味道，但伊辛巴耶娃还远远没有达到极限。

2004年的雅典奥运会，伊辛巴耶娃再次将女子撑杆跳的世界纪录抬到了4米91的高度，2005年3月，西班牙马德里欧洲室内田径赛上，她又创下了4米90的室内世界纪录。7月22日，在伦敦的国际田联超级大奖赛上，注定要被载入历史的一幕发生了——伊辛巴耶娃助跑、支撑、起跳，一举飞跃了5米的横杆，成为了世界历史上第一个突破5米大关的女子运动员，而这已经是她第17次刷新世界纪录了。

当然，再强大的选手也做不得常胜将军，在那之后，伊辛巴耶娃也曾多次试图突破自己保持的纪录,不断挑战极限,结果却不尽如人意。说实话,以伊辛巴耶娃当时的成绩,即使不再挑战新的高度,也同样可以得到"女子撑杆跳最好选手"的美誉,她获得的荣耀和赞美早已不计其数,坐在至高的宝座之上来一个完美的收场又何乐而不为呢?可是伊辛巴耶娃却从未对自己满足过,她偏偏要告诉人们,天空才是她的极限。

机会来了,2008年的奥运盛会在北京召开,这是伊辛巴耶娃证明自己的最好的舞台。可是,就在距离奥运开幕仅仅一周前,各大新闻媒体却连续刊登出了这样的消息——《俄罗斯7名女子田径选手因兴奋剂丑闻遭禁赛》《俄罗斯田径再报禁药丑闻,两名竞走选手无缘奖牌》等等。一时间,田径传统强国俄罗斯竟有5名强有力的冠军竞争者因此失去了参赛资格。奥运开始之后,俄罗斯更是在两个传统田径强项上遭到挫败,失去了夺取金牌的良机。当时,俄罗斯的《圣彼得堡时报》刊登出的文章中,写了这样的一句话——"伊辛巴耶娃,成为了我们最后、最可靠的安慰"。

突然的变故,让伊辛巴耶娃肩上的担子更重了,这一次,她不仅要挑战自我,还要为祖国争光,夺回属于俄罗斯人的尊严。

2008年8月18日晚,北京奥运会的田径场上,各项比赛正如火如荼地进行着。撑杆跳比赛中,伊辛巴耶娃眼神凝重地望着远处那高高架起的横杆,不知在思索些什么。这个金发碧眼的高个子姑娘已经不再是曾经的小女孩了,成长的不光是她的年龄和身材,还有她的心,这个不可一世的"女子撑杆跳"第一人,此次不光是为自己而战,更是在为俄罗斯而战。比赛开始后,她直接选择了4米70的高度并一次成功跃杆,随后,随着标杆的不断升高,赛场上只剩下伊辛巴耶娃和另一名对手。她的对手在三次挑战4米90的高度失败后,伊辛巴耶娃已经稳稳获得了冠军。不过,冠军并不是她的目标。

挑战世界纪录,刷新世界纪录,创造世界纪录,这才是"女超人"想要的。伊辛巴耶娃提出直接要求将横杆升高到5米05!一个她从未企及过的高度!可惜的是,前两跳都失败了,而且从当时比赛的实况来看,对于这个高度,伊辛巴耶娃的跳跃显得有些力不从心,似乎跟目标差了不少的距离,或许,胜利并不会像她想的一样完美吧。

伊辛巴耶娃并没有着急用完她全部的机会,第三跳开始之前,她竟然走到场边,拿了一条白色的被单将自己包裹起来,坐在了地上。这个匪夷所思的动作让人们很是纳闷儿,其实,她只是想让自己暂时拥有一个封闭的空间,远离喧嚣声,远离无数的摄像头和眼球,以此让自己冷静下来并集中精力。大约三分钟之后,伊莲娜甩开了被单,再次走入赛场。起跳前,她面带微笑,昂首挺胸,全场的观众都欢呼了起来,他们一起用掌声为这个美丽的女孩打着节拍,鼓舞士气。此时,只见伊辛巴耶娃操起撑杆,深吸了一口气朝标杆奔了过去。她的步法由慢至快,在接近标杆的地方达到顶峰,风从她两边的脸庞和额头边上掠过,她也如风一般奔跑,只见她撑起杆纵身一跃,犹如一只优雅蹿出海面的海豚,她的身体飘过横杆,她成功了!新的世界纪录诞生了! 5 米 05,一个让人难以想象的高度!

霎时间,整个体育场响起了雷鸣般的掌声和呐喊声,将伊辛巴耶娃淹没在了荣誉的光辉当中。

故事再次告一段落了,但伊辛巴耶娃的挑战却始终没有停过,如今已经 30 岁的她仍在训练场中挥汗如雨,也仍在挑战自己,挑战天空,2012 年 2 月 23 日,在斯德哥尔摩室内田径女子撑杆跳比赛中,她再度用 5.01 米的成绩打破了自己曾经保持的世界纪录,这已经是她第 28 次打破世界纪录了。而 7 月 22 日的伦敦,在跳过 5 米的高度后后,曾经的男子撑杆跳传奇选手布勃卡亲自将国际田联颁发的 5 万元奖金授予了给伊辛巴耶娃。布勃卡说:"伊辛巴耶娃有超越 5.15 米的实力!"

年龄越来越大的伊辛巴耶娃能做到吗? 如果她做到了,那她还会再跳出超越 5.15 米的成绩吗? 或许,只有天空知道答案吧!

逐梦箴言

　　不安于现状，不对自己满足，永远是强者的智慧。有人会说："我现在拥有的，足够我挥霍一生。"好吧，那就去尽情挥霍吧，没人能阻止你作出决定，但我也不得不说，那些达到最好，追求更好的人，永远比只求安逸不求进取的人值得尊重。

知识链接

　　撑杆跳：撑杆跳高起源于古代人类利用木棍、长矛等撑越障碍的活动，而现在它则成为了田径运动中技术最复杂的项目之一。运动员持竿助跑起跳后，借助撑竿的支撑，在撑竿上连续完成十多个复杂的动作，然后越过横杆。它考验选手的速度，弹跳力，灵巧和协调能力等综合素质，而且可以培养勇敢顽强、机敏果断的意志力，是一项极具意义的运动项目。

我的未来不是梦

■ 现代奥林匹克之父——顾拜旦

关于奥林匹克运动会，我们总有说不完的故事，它的发展亦是一个源远流长的过程，从最为原始的"古代奥林匹克运动会"经过数百年的漫长演变，才有了今天的绝世盛况。然而，在这条漫长的道路上，有一个名字是不得不说的，它就是被尊称为"现代奥林匹克之父"的皮埃尔·德·顾拜旦。

顾拜旦是法国人，1863 年 1 月 1 日，他出生在了巴黎的一个声名显赫的贵族家庭，这样的家庭环境让他一开始就有机会接触到很多不同的运动项目，赛马、赛艇不说，拳击和击剑更是从小就耳濡目染。难得的是，顾拜旦虽然出身显贵，但他并没有像今天的很多"富二代"那样不学无术，玩物丧志。天生勤勉的个性和无尽的求知欲让他对学习充满了浓厚的兴趣。

中学毕业后，顾拜旦进入军校攻读教育学，在那里，他接受了严格的教育和训练。此后，求知若渴的顾拜旦又前往英国深造，继续研究教育学并开始撰写 18 世纪儿童教育学家汤姆士·阿诺特的教育思想学术论文。在搜集资料的过程中，顾拜旦看到了阿诺特曾说过的一句名言——"运动是青年自我教育的一种活动。"或许，说者无心，听者有意，这句话让顾拜旦感同身受。从此，他年轻的心中蹦起了致力于体育、教育事业的星星之火，希望通过改革教育来增强国民素质并振兴自己的祖国、造福人类。

大学毕业后，满腔热血的顾拜旦毫不犹豫地选择了从事教育和体育事业。回到法国，他发表了一系列有关教育和体育方面的著作：《教育制度的改革》、《运动的指导原理》、《运动心理之理想》、《英国与希腊回忆记》、《英国教育学》等等，都是他呕心沥血之作。他还提出了许多发展体育事业的建议。他为体育事业所做的付出，不仅引起了法国的注意，更让他的理念在国际上产生了不小的影响。从那以后，他就将自己的生命全部投入到了体育发展事业当中了。

无巧不成书，从顾拜旦十二岁那年（公元 1875 年）开始，德国的考古学家们就连续发掘出了古代奥林匹克运动会的文物遗址，并且经常发表关于考察和发掘的报告。这成了多年后顾拜旦获得古代奥运动会历史的强有力的信息来源。说到古代奥运会，它的发源和古希腊共和国当时的国情是密不可分的。公元前 9 世纪至 8 世纪，古希腊共和国瓦解成为由 200 多个城邦制组成的奴隶社会。城邦之间各自为政，战争持续不断。而体育运动则成为了训练士兵的有力手段。当时的战争成了一柄双刃剑——一面令希腊民不聊生，饱受疾苦；而另一方面，战争又促进了全国上下的体育发展。后来，斯巴达城之王和伊利斯城之王签订了"神圣休战月"条约。终于，带有浓烈军事色彩的古希腊体育竞技，渐渐地演变成了象征和平与友好的运动会。

一直对希腊文化和体育事业向往不已的顾拜旦终于在 1890 年时如愿以偿，他来到了古奥林匹克运动会的发源地——奥林匹亚。那一刻，他望着雄伟的奥林匹亚山，心中那关于体育的星星之火竟越烧越旺。

他曾西渡英吉利海峡进行考察，他了解到了英国当地学校的体育课、体育活动和一些经常性的学生郊游，对此他赞赏不已。还不辞辛劳地在一些欧洲国家中日夜奔行，对很多国家和地区的体育运动情况进行了详尽的考察。

1891 年，顾拜旦改组"尤利西蒙委员会"为"体育高级理事会"。他还创办了《体育评论》杂志，他以《体育评论》为强有力的阵地，不断宣扬自己所倡导的理念——奥运会的宗旨是为了实现和平与友好，是为了让人类永远向上，不断进取。他认为体育不光能强身健体，更能让人类拥抱自然、拥抱阳光，让人对生活充满热情，心灵中充满快乐。

1892 年 12 月 25 日,顾拜旦发表著名演讲,他在演讲中慷慨激昂,首次提出了"复兴奥林匹克运动"的主题。

1894 年,由顾拜旦倡导的国际体育会议终于得以在巴黎举办,会议决定在希腊创办第一届现代奥林匹克运动会,并规定时隔 4 年举行一次。同年的 6 月 23 日,"国际奥林匹克委员会"正式成立,由顾拜旦担任国际奥委会秘书长。任职期间对有关奥运会的举办、组织等进行详尽规划。

1896 年,第一届奥运会终于在计划中准备拉开帷幕,可是运会却因经费的短缺而面临着巨大的危机,如果不尽快筹到足够的资金,那就意味着这次精心筹划的盛会将要成为泡影。为此,顾拜旦亲自奔赴雅典,拜会了那里的首相和王储,那些日子,他日夜奔波,在不断的努力下第一届奥运会才得以顺利举行。第二届巴黎奥运会即将来临时,世博会的冲击再次让它面临危机。尴尬的处境使顾拜旦被迫辞职,他甚至遭到了社会各界的讥笑和唾骂,但坚韧的他并未放弃,他只是风雨无阻地为自己的体育梦奔跑着,为了自己的体育梦,也是为了全世界、全人类的体育梦。

其实,在第一届奥运会结束后,希腊曾一度提出"雅典应是奥运会的永久举办地"这样的要求,他们固执地认为,既然希腊是奥林匹克的发源地,那也应该让它成为永久的举办地。对于这样的要求,顾拜旦毫不犹豫地拒绝了,他坚持认为"奥运会虽然在希腊发源,但它既是希腊的,也是全世界的、全人类的"。顾拜旦还提出了和平,友谊,进步宗旨的原则和反对歧视,坚持平等的原则。在这样的原则下,奥运会经历着一次又一次的波折,但奥运的火炬终于越传越远,参加和观看奥运的人数也越来越多,这个属于全世界的大舞台也终于被更多的人认可。

从 1896 年开始到 1925 年 29 年的时间里,顾拜旦一直担任国际奥委会领导人,负责该组织的领导工作。他在任期间,国际奥委会成员由 14 个发展到 40 个。而在他的大力支持下,又有 20 多个国际专项运动联合会先后成立。此间,为倡导纯洁的体育精神,顾拜旦曾写下后来流芳百世的《体育颂》,他还精心地为国际奥委会设计了会旗,即今天闻名全球的五环旗帜。

1924 年,顾拜旦因年事已高,主动辞去担任 28 年之久的国际奥委会主席职务,但他被聘为终生名誉主席。13 年后,顾拜旦在日内瓦与世长辞。应顾拜旦临终前的要求,他的遗体被葬在国际奥运委员会的总部所在地洛桑,而他的心脏则被埋在了奥林匹克的发源地奥林匹亚。他曾说,虽然有一天他会离开,但他的心脏会随着奥运的精神一直不停地跳动下去。

这位老人宁静的辞别,但他留给后人的财富却随着时间的推移而不断增值,这财富并不是金钱或权利,而是运动的自由和快乐。200 多年后的今天,奥林匹克运动会已经从被人贬低讽刺的百人集会发展成了受到全世界支持的国际盛会。顾拜旦曾经说过:"奥林匹克最重要的不是胜利,而是战斗。"我想,当如今的运动选手们在属于自己的领域中披荆斩棘,奋力拼搏的时候,一定也会看得到那位永不言弃的老人战斗时的样子。

逐梦箴言

没有人能替你选择人生的路,生命只有一次,既然想要追求你的所爱,你大可以放手一搏。机不可失,失不再来,如果你已经权衡好得失,那么,为你的梦付出所有吧。

知识链接

第一届现代奥林匹克运动会:1894 年 6 月经过巴黎国际体育会议协商,将雅典确立为第一届奥林匹克的举办城市。雅典位于希腊东南部的阿蒂卡半岛西侧,三面环海,气候宜人,至今都是希腊的文化、政治中心。在古希腊,雅典就是主要的竞技场所之一。它特别重视文化教育,强调把智育、德育、体育、美育四者结合起来培育人才。

最好的田径运动员

——杰西·欧文斯

　　相信在看到这个标题的时候，很多读者的脑海中一定都浮现出了"尤赛恩·博尔特"、"卡尔·刘易斯"甚至是"刘翔"等人的面孔。的确，这些人都是百年难遇的田径奇才，他们拥有常人可望不可即的身体素质，而由他们带来的"追风表演"也足以被载入史册。尤其是"卡尔·刘易斯"，他在1980年的奥运会上所做的一切，让人们叹为观止，很多媒体称他为"欧文斯第二"，等等，"欧文斯"是谁？没错，他就是我们要说的这个人。

　　相比上面提到的几位田径英雄，杰西·欧文斯驰骋赛场的岁月显得有些久远，1931年出生的他，自幼家境贫寒，而且从小就染上了支气管炎和肺炎。不过，这位体弱多病的孩子却拥有着惊人的速度和弹跳能力，这一点，直到他走上体育道路之后才被人们发现。

　　15岁时，为生计所迫的欧文斯不得不每天都要做很多份工作，搬运工、修鞋匠，什么脏活累活他都干，可就是在这样的条件下，没有经受过专业训练的欧文斯就能在220码（1码=0.9144米）赛跑中取得22秒9的成绩，这简直难以置信。而在跳远和跳高方面，这个黑人少年更是展现出了极高的悟性。19岁时，进步神速的欧文斯在100码赛跑中取得了9秒40的成绩，跳远更是达到了7米60，而这两项成绩均打破了当时的世界纪录。

　　惊人的成绩不光让欧文斯的名字一夜间家喻户晓，更让他得到了俄亥俄州立大学的入学通知书，从此，天赋异禀的欧文斯，就成了著名教练L·

斯尼特尔的得意门生,开始了专业的、系统的训练。不过,赛场上的欧文斯虽然风光无限,可是场下的他却处处遭受着种族歧视的困扰:他与所有黑人学生一样,不得在校内居住;日常生活中,他们被隔离在"黑人食宿区",欧文斯也因此没办法拿到全部奖学金。如此不公平的待遇让欧文斯十分苦恼,"为什么偏偏要对我们这样?"其实,这也是所有受到歧视的有色人种共同的心声,而杰西·欧文斯下定决心要用自己在田径赛场上的表现来证明自己的价值,用实力告诉所有人,谁才是最好的。

1935 年 5 月 25 日,在密歇根州举行的美国十大联盟运动会上,欧文斯让所有人看到了他惊人的实力,他在 100 码、220 码、220 码跨栏和跳远四个项目的比赛中均获得冠军。其中,在 100 码比赛里,欧文斯刷平了 9.4 秒的世界纪录,其他三个项目,欧文斯则打破了世界纪录!更加难以置信的是,还是个大学生的欧文斯取得这些成绩,仅仅用了 45 分钟的时间!而由欧文斯创下的 8.13 米的跳远纪录,更是保持了 25 年之久。这次比赛的经过,直到现在还被人们称为是"自 1850 年以来运动史上最激动人心的一刻"。

次年,即 1936 年柏林奥运会,纳粹德国元首希特勒希望通过该届运动会向世界宣扬"雅利安人种的优越性",并将黑人描述成低劣种族。而代表美国参赛的欧文斯再次用自己的表现给了希特勒和所有种族歧视者一记响亮的耳光:8 月 3 日,欧文斯赢得 100 米短跑金牌;4 日他又在跳远比赛中夺冠;8 月 5 日的 200 米赛,欧文斯再次戴上了金牌,而在 8 月 9 日举行的 4×100 米接力赛中,欧文斯拿到了他在本届比赛中的第四个冠军。这样的成绩,直到 1984 年,才被号称"欧文斯"第二的卡尔·刘易斯追平,而站在看台上那位对德国选手寄予厚望的纳粹领袖,则被欧文斯一次次站上领奖台顶端的画面气得脸色铁青。

欧文斯的表现终于为自己赢得了尊重,尽管当时整个世界都笼罩在种族歧视的乌云之下,但是欧文斯依然在柏林赢得了十几万人的掌声、欢呼声,更有无数的观众跑来向他索要签名。而在回到美国后,欧文斯则被作为特例,被允许住宿在白人的旅馆中。

1980 年，66 岁的欧文斯辞世了。4 年后，柏林政府将一条通往当年柏林奥运体育场的道路命名为"杰西·欧文斯"大街，而美国也随后发行了欧文斯的纪念邮票，并建立了"杰西·欧文斯医学大楼"，俄亥俄州立大学的田径场更是被冠以他的名字以纪念这位体坛英雄。

令人唏嘘的是，在欧文斯刚刚退出体坛后不久的那段日子，他并没有得到足够的重视，反而因为无法参加比赛而一度遭遇破产。生活窘迫的他不得不做起了"小丑"，就连和狗、马赛跑这样的工作也做过。说起来，这一切的根源还是"种族歧视"四个大字，但无论如何，杰西·欧文斯为体育作出的贡献都是闪闪发光的，而顶着重重压力为自己赢得尊重的故事，也让欧文斯的名字一直被人们牢记在心。虽然，他曾遭受到太多不公平的待遇，但那被公认的"世界上最好的田径运动员"的称号，却永远属于他，属于他创下的惊世骇俗的成绩和他不屈的品质。

逐梦箴言

黑人，白人，黄种人，从来都没有高低贵贱之分，他们都有绽放光芒的能力，战士们用各种各样的方式抵抗万恶的种族歧视，而因为人种、肤色而对人产生偏见的人，都将被斗士们的光芒所羞辱。

知识链接

英雄趣闻："杰西"并不是欧文斯的本名，他的真实姓名其实是"詹姆斯·克利夫兰·欧文斯"（James Cleveland Owens），小时候，别人在叫他的时候常将 J 与 C 连读，就有了谐音"杰西"的名字诞生了，而这个名字始终伴随着这位田径英雄驰骋赛场，后来被世人所熟知。

我是一条鱼
——迈克·菲尔普斯

也许很多人都会想：如果自己的兴趣爱好就是自己的工作，那该有多幸福呢。对音乐痴狂，就去做一个音乐家；热爱足球，就去做一个职业足球运动员。其实，迈克·菲尔普斯就是这样一个幸福的人。

在 2008 年一鸣惊人之后，菲尔普斯立刻成了世人心目中神一般的存在，人们从未见过一个运动员能够像他那样游刃有余，激烈的竞技在他的泳姿中幻化成了轻松愉悦的水上游戏。同一届奥运会中，一人独得 8 枚金牌并打破两项世界纪录，这可是前无古人的功绩，而比赛之后，这个 1985 年出生的大男孩，还是满脸的轻松，颇有邻家帅哥的气质。他喜欢游泳，就是这样。他在为自己喜欢的事情奋斗。

这些年，菲尔普斯成了最炙手可热的公众人物，媒体不断称赞着他的成就，体育迷们把他作为茶余饭后的话题，迈克尔·菲尔普斯已经被一些人视为他所从事的运动历史上伟大的全能运动员之一。在体育界对这位强大的选手给予极高的评价的同时，很多观看他比赛的朋友更是笑着称赞说："这哪里是人呢？简直就是一条大鱼嘛！人怎么可能游得过鱼呢。"而在中国，他更是有一个叫作"菲鱼"的美誉。

说来有趣，菲尔普斯第一次得到这样的评价并不是在最近几年，早在他刚刚开始游泳训练的时候，他的启蒙教练就曾感叹过："他简直像鱼一样自由！"菲尔普斯出生于 1985 年 6 月 20 日，他的父亲就是一名运动员，正是受父亲的影响，菲尔普斯在很小的时候就跳入了泳池，而他的天赋则显而易见。

　　实际上，平常生活中的迈克尔，就是一个普普通通的大男孩，他打电动游戏，喜欢摇滚乐，喜欢睡觉，颇具宅男的风采，他还养了一只叫作萨凡纳的猫，他很喜欢和他的猫咪睡在一起。不过，这个普普通通的大男孩，一旦跳入水中，就会立刻变身成超人，他像一条鱼一样迅速、自如，无人可挡。甚至有人怀疑迈克尔不是正常人，而是天生的水陆两栖动物。在迈克尔少年时，他的教练就曾对迈克尔的母亲说，她的儿子是罕见的游泳天才。他有修长的四肢和宽厚的手掌，这对一名游泳运动员来说，是非常难得的身体条件。菲尔普斯的领悟能力也非常强，教别人要教上几天的技巧，他也许几个小时就能吸收领悟了。最为难能可贵的是，小菲尔普斯在训练时非常刻苦，体现出了其他同龄人少有的毅力。鲍曼说："你会看到他总是迫不及待地跳入水中，他给自己的压力远远超过别人对他的要求，我尽量做到不喜形于色，尽管我为他的表现感叹不已。"鲍曼显然是不想让自己溢于言表的兴奋给小菲尔普斯太多的"甜头"，要知道骄兵必败，不能让他这么快就骄傲起来。但在那之后鲍曼曾说少年时的菲尔普斯天赋极佳，潜力无限。

　　菲尔普斯的第一次亮相，是在 2000 年。仅有 15 岁的他参加了悉尼奥运会，这让他成了美国 68 年以来最年轻的奥运游泳选手。

　　随后，在巴塞罗那世界游泳锦标赛上，菲尔普斯一鸣惊人，他独揽 6 枚奖牌，并创造了 5 项世界纪录。其中，他以刷新纪录的成绩夺得了 200 米蝶泳的冠军，并在 100 米蝶泳及 200 米个人混合泳两个项目中创造了新纪录。更为惊人的是，这些记录是在同一天创下的，这是世界游泳比赛上史无前例的事情。曾在 2000 年悉尼奥运会上获得三枚金牌的美国游泳运动员伦尼·克雷泽伯格说："我还从没有见过像他那样的人，没有人像他那么全能！"

　　菲尔普斯的成功，当然不是仅仅依靠天赋的结果。他的好胜心极强，甚至强到了"过分"的程度。他曾说："如果没有发挥自己的最佳水平，我就会不停地去想它，上学的时候想，和朋友在一起的时候想。这样会让我发疯的。"菲尔普斯 12 岁那一年，在一次游泳比赛中输给了一个和他同龄的孩子，无法接受失败的他，居然一把抢过对方的护目镜，一下子扔了出去。当然，如此孩子气的暴戾是不会被允许的，当时的教练鲍曼看到这一幕，非常严肃地警告了他："下次再也不许这样做。"小菲尔普斯学着渐渐改掉这个弱点,有好胜心是好事,但因此而做出过激的行为就太说不过去了。之后,鲍曼教练开玩笑说:"他的确克服了这个坏毛病,因为从此他再也没有输给任何同龄的游泳选手了。"

虽是个百年难遇的天才,但菲尔普斯认为自己成功的秘诀并不是别的,而是他艰苦的训练。"没有人训练比我更刻苦",菲尔普斯如是说。自从高中毕业后,菲尔普斯给自己制定了许多严格的训练计划,不到早上 5 点钟,他就起床并开始长达 2 个半小时的训练,午饭后,他会稍事休息,然后接着游,一直从下午 3 点半到 6 点。而无论时间长短,他每天都必须游 12 英里才算达成训练目标。

如今,菲尔普斯已经夺得了自己在奥运会上的第 10 枚个人金牌。不知这个神奇的大男孩在以后的比赛中,又会给我们带来怎样的惊喜,但是,作为一个勤奋的天才,谁都知道他会继续上演奇迹,而我们要做的,就是擦亮双眼,准备见证。

逐梦箴言

天才看上去总是那么光鲜,他们取得成功似乎总是轻而易举。你被骗了,天才只是他们的砝码,勤奋才是他们不变的根基。他们和所有人一样,没有捷径可走。为之,则难者亦易矣。用心去做,你一样是天才。

知识链接

蝶泳:蝶泳是游泳项目之一,蝶泳技术是在蛙泳技术动作基础上演变而来的。蝶泳出现在 1933 年的布鲁克林青年总会比赛中,美国运动员亨利·米尔斯首先采用两臂从空中移向前方,脚做蛙泳蹬水动作,因其动作酷似一只展翅飞舞的蝴蝶,故命名为"蝶泳",又称"海豚泳"。

我的未来不是梦

· 智慧心语 ·

航海远行的人,比先定个目的地,中途的指针,总是指着这个方向走,恐怕永无达到的日子。

——李大钊

凡事以理想为因,实行为果。

——鲁迅

支配战士行动的力量是信仰。他能够忍受一切艰难、痛苦,达到他所选定的目标。

——巴金

道虽迩不行不至,事虽少不为不成。

——荀子

成大功者,不顾小嫌;建远略者,不期近效。

——陈宏谋

志不可立无可成之事。如无舵之舟,无衔之马,飘荡奔逸,何所底乎?

——王守仁

第八章

折翼天使

桑兰

◦ 导读 ◦

　　他们是一行折断了翅膀的天使，他们本可以高高在上，光芒闪耀。但饱经风霜的磨砺后，他们选择了继续前行。没有了翅膀并不要紧，只要还有斗志，还有信念，还有笑容，他们甚至可以比曾经更强大。

　　运动，本就是一个美丽的职业，运动员们用躯体的动作向人们展示身体之美，生命之美，他们有不屈的斗志，坚韧的个性。这些人，无疑是天使，他们的肢体、器官，就是翅膀。他们中的一些人，曾被命运夺走助飞的武器，却依然不肯低头，只是用不完整的躯体为我们诠释了美丽的一层定义——坚强。

第一魔术师

——埃尔文·约翰逊

1979 年，NBA 迎来了一位面带微笑的黑人小伙子，他在选秀大会中以第一轮第一顺位被湖人队选中，成为当年的选秀状元。他就是被称为"魔术师"的 NBA 传奇巨星——埃尔文·约翰逊。

相信看过约翰逊比赛的人们都不会奇怪"魔术师"的美誉是从何而来的，一个身高六尺九寸（2.06 米）体重达到了 200 多英镑的大个子，本应该在赛场上去做内线球员的工作——在篮下依靠身高和肌肉争抢位置、替队友做掩护、用背身单打的方式攻击对方的篮筐。然而，这些看似笨重的"体力劳动"在约翰逊的身上却几乎得不到体现，取而代之的是他灵活的走位、迅猛的突破以及关键时刻果断的远投，而更让人们不敢相信的是，他竟然还在湖人队中担任球队的控球后卫，扮演着球队的发动机和大脑的角色。在 20 世纪 80 年代那个场上位置划分十分明确的 NBA 赛场，约翰逊的出现让所有观众甚至是专业球评和教练大跌眼镜。

然而，"魔术师"最为拿手的"魔术"可并不是以大充小，而是他那让人叹为观止的传球技巧——他常常在快攻中一边高速推进，一边用眼花缭乱的假动作迷惑对手，并且作出准确无误的输送，在最佳时机将球交给位置最好的队友以帮助球队得分，他的这些动作不但变化多端，而且十分迅速，约翰逊从带球开始推进到帮助他的队友完成得分往往只需要三四秒钟甚至是更短的时间，而且这些进攻在对抗强度极高的 NBA 赛场上竟能达到九成以上的成功率,这就更让他那夸张大胆的动作具备了无与伦比的杀伤力。

虽然,约翰逊面对的对手们都是当时世界上水平最高的职业男篮运动员,其中也不乏像拉里·伯德、伊赛亚·托马斯、甚至是迈克尔·乔丹这样的顶级巨星,可他们当中,也几乎没有一个人不被约翰逊这些匪夷所思的假动作骗得不知所措,前一秒约翰逊还在挥舞着手臂运球奔跑,瞪大了眼睛紧盯着在他左侧前进的的队友,而下一秒他手中的球却已经神不知鬼不觉地传到了在他右前方的队友手中,一个又一个前所未见的动作让对手无可奈何,也赢得了观众们爆炸一般的叫好声。

"魔术师"的传球动作可以说是前无古人的,他时而闲庭信步,时而轻舒猿臂,时而摇头晃肩,他的一次变相运球、一个转身、一次突然的跳跃甚至是一个眼神都可以以假乱真,迷惑对手并助攻队友得分。当然,每当他做出那些招牌式的 No—Look—Pass(不看人传球)的时候,并非是为了哗众取宠,而是因为那个在右侧的队友的进攻位置比他自己和他左侧的队友都要好,这样杂耍般的传球动作实际上是经过缜密的思考与细致的观察后才做出的动作。约翰逊并非是单单凭借着出色的身体条件去竞技,他将智慧、技巧、经验完美地结合在一起,由他表演的篮球运动已经全然变成了一种高层次的艺术。

不难想象,当一支球队拥有了这样一位神奇的控球后卫的时候,再加上其他队友积极合作,那么他们的进攻会多么具有观赏性,又多么具有杀伤力。在当时的 NBA 赛场上,这样的场景频频可见——湖人队员发动反击快攻,几个穿金色球衣的小伙子像风一样朝同一个方向奔跑,而篮球则在他们的手中传来导去,不出几秒球就能被送进对手的篮筐里。而防守球员却只能像木桩一样站着,无奈地看着湖人队的表演。

在约翰逊的带领下,这股金色旋风席卷了整个NBA,在职业生涯的前九年,他就五次帮助自己的球队得到NBA的总冠军,并三次荣获总决赛最有价值球员,他一个人几乎包揽了当时的篮球界所有至高无上的荣誉,成了最为耀眼的篮球明星。可就在他职业生涯的巅峰之际,一个噩耗几乎将他彻底击垮——1991 年，保险公司审核约翰逊的投保单并对他进行例行全面体检时，发现约翰逊竟染上了艾滋病毒。这样的消息对于任何人来说，都无疑是一道晴天霹雳，这不光意味着约翰逊在篮球场上的光辉之路将会戛然而止，更威胁到了他的生命、他的家庭。约翰逊在得到消息后不得不退出篮坛。但这个神奇的大个子并没有颓然倒下，也没有惶惶不可终日，他仍用十年前初入 NBA 时那迷人的微笑面对着病魔，顽强地说"不"。

场下的约翰逊秉承着一贯的乐观心态，与自己的家人融洽地相处，积极接受治疗并且每天坚持适当的锻炼。1992 年，已经告别职业赛场几个月的约翰逊竟然出现在了巴塞罗那奥运会的篮球赛场上，他带病参赛，并帮助美国队一举夺得了奥运历史上的第一块篮球金牌。颁发金牌时，看台上观众们沸腾的欢呼声里尽是对这位男子汉的敬佩与鼓舞。约翰逊似乎再一次看到了他当年率领的湖人队在 NBA 中所向披靡的场景，看到了他的戎马岁月。

奥运会之后，约翰逊继续积极接受着治疗，通过药物、饮食和锻炼三管齐下的方式将病情维持得相当稳定。在这些与病魔抗争的日子里，他的家人始终对他不离不弃，他们彼此陪伴，相濡以沫。或许这样的生活以及他曾经在球场上获得过的荣誉已足以让他此生无憾，但奇迹还是发生了。1996 年，医生告知约翰逊：他体内携带的艾滋病毒已经几乎为零！虽然，此时的他已经无法再回到 NBA 赛场继续征战，可这个喜讯就像从上帝那里得来的一份入场券，让他得到了延续生命的权利。这一次，"魔术师"无疑又为我们上演了一场震撼的生与死的"魔术表演"。

病情好转后的"魔术师"并没有消失在众人的视线里，而是转战到了竞争同样激烈的商业赛场中。他对于生活燃起的火焰仍然烧得旺盛，那些曾经在篮球场上发挥出的智慧与才华仍然新鲜、充溢，他凭借着积极的行事态度和聪明的头脑在商界中闯出了自己的一片天，创下了惊人的成绩。如今，50 岁的约翰逊已经拥有 100 家星巴克连锁店，12 家 24 小时的健身中心。他的固定资产达到了 10 亿美金，持股资产达到 5·5 亿美金。

约翰逊利用这雄厚的财产建立了一个名叫"魔术师·约翰逊"的基金

会,专门帮助低收入的人们预防和治疗艾滋病。他也经常参加大型的公益活动,举办慈善篮球赛,在公益广告中扮演角色。他不断地向需要帮助的人们伸出那双厚实而温暖的大手,他对社会所作的贡献和他在篮球界的表现同样光彩夺目。他的影响也已经从篮球场延伸到了更广泛的领域。

"魔术师"作为篮球运动员曾给我们贡献了太多奇迹般的表演,而他的生命历程也更像是一场神奇的魔术,面对向他宣判死亡的艾滋病毒,他没有说过放弃,而选择露出了微笑,他用美妙的方式将篮球的火炬传给了后人,也用同样迷人的人格魅力将勇敢与乐观带给世人。

逐梦箴言

约翰逊的篮球之旅正处在巅峰,却险些被死神拖离生命的道路。命运总是喜欢这样戏弄人,但更多的人坚信人定胜天,他们坚韧不屈,笑对黑暗,在一个崭新的领域开始了一场竞技,失败的人离去了,胜利的人则可以与命运同坐,品味人生。

知识链接

表演时刻:由埃尔文·约翰逊率领的湖人队一手缔造,在当时的 NBA,湖人队的快攻画面成了吸引千万人眼球的精彩表演,他们的跑动速度快,位置选择好,在"魔术师"的带领下,几名球员穿插跑动、互相传接球,将杂耍表演一样的进攻模式发挥得淋漓尽致,通常只要短短二三秒钟的时间就能够刺穿对手的防线,堪称 NBA 赛场上的史诗级表演。

卡里姆·阿布杜尔-贾巴尔:1976 年转入湖人队并担任主力中锋,是 NBA "50 大巨星"之一,他的勾手投篮被称为前无古人的进攻利器,这位传奇中锋至今仍保持着四项 NBA 历史纪录,分别是:38387 分的职业生涯总得分,57446 分钟的职业生涯总出场时间,28307 次投篮出手和 15837 次投篮命中,其标志性动作"勾手"也为他赢得了"天钩"的美誉。

人鱼小姐的彼岸

—— 娜塔莉·杜·图伊托

2008 年的北京奥运会设置了一个崭新的比赛项目——女子公开水域 10 公里马拉松游泳。新项目的诞生受到了不少人的关注,然而,最让人惊讶的并不是这项比赛的赛程之长,而是参加这项比赛的一名选手,她就是娜塔莉·杜伊特伊。她的不同之处显而易见——她没有左小腿,她是一位残疾人。而她却在和一群身体健全的运动员同场竞技。

赛前,在其他运动员纷纷开始热身运动的时候,娜塔莉首先要做的,却是卸下自己的假肢,这样的一幕让人无法不动容。这位特别而美丽的选手是南非人,她 6 岁开始学习游泳,14 岁就进入了国家队。当时的她,被人们称为南非最具天赋的游泳运动员。不幸的是,2001 年 2 月的一天,一场车祸残忍地夺走了娜塔莉的左边小腿。

就当人们以为一颗体坛明星将就此陨落的时候,娜塔莉却在受伤后仅仅三个月就恢复了游泳训练。跳入泳池的她,依然那么生龙活虎,她享受着游泳带给她的快乐,丝毫没有因为自己已经残缺的身体而变得一蹶不振,命运夺去了她的左边小腿,却夺不走她那颗热爱游泳的勇敢的心脏。

一年后的 2002 年,天才游泳运动员娜塔莉便重返人们的视线,英联邦运动会上,娜塔莉毫不示弱,她在泳池中一马当先,斩获两枚金牌,并获得了那届大赛"最佳运动员"的称号。

2004 年的雅典残奥会,娜塔莉更是向所有人展示了她高超的游泳技巧,她技压群雄,独得五枚金牌,成为了名副其实的泳坛明星。那一刻的她,并不比任何一名被人们崇拜的运动明星逊色,她勇敢,坚强,勤奋,并凭借自己的实力取得了惊人的胜利果实,而从她的脸上,我们看不见一丝与正常人不同的神态。她开心地笑着,是因为她喜欢游泳,喜欢运动。

"游泳是我的生活,我的生命,这就是为什么我要继续游泳的原因。"娜塔莉如是说。

然而,在残奥会上享誉盛名的娜塔莉并没有对自己满足,早在 16 岁那一年,她就梦想着自己有一天可以参加奥运会,如今她在残奥会上已经有所成就,而 4 年后的北京奥运会则成了她更长远的目标。

功夫不负有心人,几年里一直坚持训练的娜塔莉终于在 2008 年的 5 月获得了和健全人一起参加北京奥运会的资格,她终于实现了自己多年以来的梦想,而这也无疑是世人对她更大的肯定。北京奥运的开幕式上,我们同样目睹了这个女孩的风采,戴着假肢的她,走在南非代表团的最前端,她手中紧握着南非国旗,对大家露出了明朗的笑容,而观众则对她报以热烈的掌声和欢呼声,人们见到的,是一位美丽的女子,也是一名勇士。娜塔莉所做的一切,足以配得上这份尊重,这份崇敬。

娜塔莉展现自己的最大舞台,莫过于那届奥运的女子公开水域 10 公里马拉松游泳比赛了。比赛中,人们看到了一位即平常又特别的女孩,这位女孩长发飘飘,笑容优雅,她在广阔的水域当中奋力地游着,展现出了无比美妙的姿态,阳光下,娜塔莉美妙的身姿,就犹如一条迷人的小美人鱼在畅快淋漓地戏水。

最后,娜塔莉作为本次比赛 24 名选手中的唯一一位残疾人运动员,取得了第 16 名的好成绩。其实,无论排名如何,她的成绩都可以用"好"、用"震撼"这样的词语来形容。而美国全国广播公司则播报了一段令人感动的话语,他们说:娜塔莉拿到了一枚排名第十六的"金牌"!

没错,这是一枚只属于娜塔莉的金牌,独一无二,含金量极高。它看不见,摸不到,因为这枚"金牌"早已幻化成一缕缕金色的阳光,它将永远照耀着美丽的人鱼小姐;它也融进了世人的喝彩和祝福声中,成了一道恒久的风景。

　　北京奥运会结束后,娜塔莉却没有离开,她要留在这里继续训练,准备接下来的北京残奥会。其实,我们无需为这条美人鱼感到遗憾,虽然她的身体变得残缺了,但她却拥有了更多的舞台,更广阔的赛场,而我们也欣慰地看到了,勇敢的娜塔莉的选择是一直战斗下去,游向更遥远、更美丽的彼岸。

逐梦箴言

　　一个完好无缺的人因为一场意外变成了残疾人,这是谁都不愿看到的事情。可是,在你的生活发生变故的时候,沮丧并不是唯一的选择。要知道,快乐不是一件容易的事,却比一直颓废下去来得简单。只要坚强,只要坚信,那么,那份曾经被命运夺走的阳光,一定会在不久后的一天加倍奉还给你,而它也会让你永远明亮下去。

知识链接

娜塔莉获得的奖项:

2004 年雅典残奥会 5 枚金牌;

2008 年北京奥运会女子 10 公里游泳第 16 名(成绩:2 小时 0 分 49 秒 9);

2008 年北京残奥会 5 枚金牌;

2010 年获得年度世界残疾运动员奖。

■ 钻石心女孩
————桑兰

还记得 2008 年北京奥运开始之前在各大电视台热播的那则宣传广告吗？

"即使你拥有挑战大自然的勇气，无所不能、镇定自若，即使你双腿如梭，即使你拥有雄鹰般犀利的目光，即使你拥有天鹅般优雅的姿态，这一切虽然铸就了你完美的身躯，但这一切却无法证明你的伟大，除非你明白，心才是身体最强壮的部分。"一段鼓舞人心的广告词过后，画面中出现了一个坐着轮椅的女孩，她身着干净的运动装，略显瘦弱的脸上带着似乎可以收集阳光的好看笑容。

广告的最后，她用甜美的嗓音为这段广告作出了总结："这，就是奥林匹克精神。"而实际上，这段广告词并不仅仅代表着奥林匹克精神，这也是对她自己不平凡的生命最为恰当的描述，这个女孩就是桑兰。

有人说她是中国的骄傲，说她那样灿烂的微笑里融汇了中华民族的优良美德。这样一个瘦弱的女孩儿，究竟做过什么呢？她的微笑为什么那样有感染力？她又经历过怎样的人生历程呢？让我们细细来看。

1981 年 6 月 11 日，桑兰出生在浙江省的宁波市。她并不是天生的残疾，相反的，她健康的体魄从小就显示出了惊人的运动天赋，就如广告词中所描述的那样，她双腿如梭，拥有天鹅般优雅的姿态。而童年时代的她不同寻常的就学轨迹也的确证明了这一点——1987 年 5 月，桑兰进入宁波市少年体育学校;1989 年 9 月进入浙江省少年体育学校,在之后的 1990 年 1 月 8 日,她顺利进入浙江省体工队。而 1991 年,她在第九届浙江省运动会上就取得了十分引人注目的成绩:高低杠第一名,跳马第一名,自由体操第一名,平衡木第一名,全能第一名。而那个时候的她,还只是个九岁的小女孩。

年轻的小冠军在成功的背后所付出的疼痛和汗水也是让常人难以想象的。还不到 10 岁的她,在一次训练中,起跳时不慎撞在了鞍马上,摔倒在地。虽然有厚实的防护垫作为保障,但这样一次失误同样给她带来了难以忍受的剧痛,她的教练和她的队友飞快地跑到她身边,想要看看她的情况。从桑兰那已经扭曲的面部表情来判断,当时的她一定疼痛难忍,她咬紧牙关,眉头都紧紧皱在一起,额头上的汗珠止不住地向下流淌着,一时间,大家都不敢作声。可是,没过一会儿,小桑兰痛苦的表情就渐渐平缓下来了,她一边努力地试着从地上爬起来,一边挤出了一个微笑,她掸了掸身上的灰尘,笑着对大家说:"我没事,这个礼拜比赛就开始了,我们抓紧训练吧。"看来,受伤的部位并无大碍,但大家都知道,剧烈的疼痛此刻一定还没有从小桑兰的身体上消除,大家都为她捏了一把汗,而在场的队员们也无一不被她坚强的微笑所感染。

就是凭着这样坚持不懈的精神和勤奋的训练,小桑兰终于在 1993 年 12 月 17 日进入了国家体操队,而她那优雅的身姿也终于得以展示给更多的人,她也终于有机会把她美妙的体操动作和明媚的微笑带给更多人,带给全世界。

小桑兰并没有让这千载难逢的机会擦肩而过,在更高的平台之上进行竞技,她也付出了比从前更多的辛勤。功夫不负有心人,1995 年,桑兰在南京举办的一次"全国城市运动会"上获得了全能和跳马比赛的第一名,自由体操第二名;同年举行的"全国体操锦标赛"上她获得了跳马比赛的第二名。1997 年,她又在"全国体操锦标赛"上获得跳马第一名;在上海"第八届全国运动会"上获得跳马第一名。

日复一日的刻苦训练和年复一年的优异成绩让小桑兰备受瞩目,人们记住的不光是她飞跃在空中的美妙的身姿和让人拍案叫绝的好成绩,还有每一次登台时,女孩脸上那抹无邪的微笑,它就像一抹阳光,给每一个注视她的人带来了温热跟光亮。

也许就像开篇的那则广告中所说的那样,再强健的体魄也不能证明一个人内心的伟大,而上天偏偏要给这个喜欢微笑的女孩的内心,带来一次难以承受的考验。

不幸的事情发生在 1998 年的 7 月。在纽约举行的第四届友好运动会上,17 岁的桑兰作为中国的代表参加本次大会。而在体操单项比赛之前的热身中,桑兰由于失误,不慎在空中失去了重心,最后她竟然头部着地,重重地摔落了。这次重创导致她的第六、第七节颈椎错位挫伤,并伴随神经组织损伤,可能导致瘫痪。

受伤的桑兰当场昏迷,医务人员则用最快的速度将她送往了医院。

当桑兰睁开眼睛的那一刻,她似乎就已经感觉到了事情的严重性了——她的下半身失去知觉了,可是,这样一个刚刚受到严重挫折的少女在从病床上苏醒以后的第一句话,却让在场的所有人都惊呆了,甚至有人当时热泪盈眶——"我什么时候可以再练?"那双清澈的眸子里,似乎满是哀求和祈盼,但她却没有掉过一滴眼泪。

很遗憾,过于严重的伤势导致年轻的桑兰高位截瘫,这证明她将无法再参加任何比赛,无法再继续为人们展现她优美的身姿,可是,这并不妨碍她继续露出笑容。

1999 年 1 月她成为第一位在时代广场为帝国大厦主持点灯仪式的外国人。

桑兰在 2007 年 6 月作为"奥运之星保障基金"的发起人,加入到了"奥运之星保障基金"的筹建工作中,为了让更多曾作出突出贡献的伤残运动员有个更好的归宿,她将为退役运动员的社会福利事业展开各方面的工作。

桑兰传播着中国的奥运之梦,她此生注定要和奥运结缘。她凭借自己顽强、乐观、坚强、勇敢的心态,用她自己的行动和事迹感染着整个世界!她是最富奥运精神的女性榜样!她用她动人的一笑感动了大家。

我的未来不是梦

之后,她不仅加盟了星空卫视,成为《桑兰2008》节目的主持人,而且在众多媒体上开设了她的体育评述专栏。

桑兰曾在中国体操队享有"跳马冠军"的美誉,并获得过多项荣誉,但她却意外的在1998年的体操练习中失手,于几秒间由身手矫健的人变成了瘫痪,然而坚强的她没有沮丧,而是坦然地接受了命运的挑战,始终坚持以自己的方式实现着自己的奥运梦想。

逐梦箴言

生命永远都不会失去意义,无论你健全、残缺,无论你强大、弱小,既然选择继续存在,为什么不露出微笑呢。把快乐交给自己,带给别人。你仍是这个世界上最美丽的天使。

知识链接

平衡木

平衡木运动起源于罗马时代,要求运动员在一根横木上做出一连串的舞蹈与翻腾动作。平衡木上的许多动作与自由体操动作相似,但难度正越来越大。运动员也是从一块跳板上平衡木,在75-90秒时间内完成动作并下平衡木。平衡木动作也要求连贯。用时不足或超时、摇摆、中途落地、停顿等都会被扣分。

老兵的战役
——菲尔·帕克

一场马拉松比赛,最慢可以跑多久? 10个小时? 20个小时? 可能你想象不到,世界上最慢的马拉松纪录是6天4小时30分56秒。这样的成绩令人惊讶,人们的脑海中难免会有许多疑问。怎么会跑这么久? 如果明知要耗费这么多功夫,为什么还要跑下去呢? 其实,创下这个纪录的人并不是一名职业运动员,而是一个退役的老兵,他的名字叫菲尔·帕克。

有张照片上的帕克穿着白色的运动T恤和颇具军旅风范的迷彩长裤,他的神态显得很疲惫,但很坚毅,照片捕捉的是他撞线的那一刻,赛道的被两旁的观众围得水泄不通,人们正高举双臂为他欢呼。而照片上最引人瞩目的,却是主角菲尔·帕克手中挂着的双拐——他是一位残疾人。

这位美国士兵是在2007年11月被派往前线的,他负责驻守伊拉克南部城市巴士拉。三个月里,他和战友们一起经历了硝烟弥漫的艰苦生活,每天都在和枪械与死亡交朋友,然而,最令人惋惜的是菲尔·帕克驻扎的营地被敌军的火箭炮击中了,他有幸捡回了一条命,却不幸脊椎受伤,伤势导致他腰部以下瘫痪。医生断言他将永远失去行走的能力,这个士兵强壮的身体被战争侵蚀了,"难道我的下半生只能与轮椅为伴了吗? 还不如让我死掉!"菲尔·帕克一度痛不欲生。

这样悲伤的经历放在谁的身上会不觉得难过呢? 可是,在菲尔·帕克养伤的期间,他却奇迹般地发现自己的下肢并没有完全失去能力! 他惊讶地看到自己的脚趾动了一下，只是微微的一个颤动，但菲尔·帕克很敏锐就察觉到了，那种感觉妙极了！不久后，他竟然发现自己的腿也可以稍稍一动，虽然非常吃力，但他感觉得到，他的身体中仍然有灵魂存在！"我想我可以尝试着走动！我没有失去走路的能力！"菲尔·帕克的心里顿时燃起了熊熊的火焰。那个时候，恰逢伦敦将要举行一场马拉松比赛，帕克想都没想就报名参加了，他坚信自己一定能走起来，而且要走很远。

在比赛开始前的日子里，菲尔·帕克开始了艰苦的训练，每天，他都在亲人的搀扶下试着缓缓移动，渐渐地，他开始能够借助双拐的力量行走了，虽然速度慢到了极致，但这对于他来说，何尝不是天大的喜讯。菲尔·帕克正在用自己身体中所有的能量和坚定不移的信念集中到对于行走的期盼当中，对于正常人来说，这样的速度实在是太慢了，但这对于菲尔·帕克来说，已经是体能和精神力量的极限，他正在一点一点地战胜自我，这样的他和所有英雄同样伟大，因为他正在用自己的全部力量为自己的梦想付出。

终于，经过了不屑的努力，菲尔·帕克已经逐渐适应了自己的步频和步速，而且可以基本掌握自己和双拐之间的默契了，就这样，36岁的他终于在万众瞩目之下站在了伦敦马拉松比赛的起跑线上，那是2009年的4月26日，他和其他3.6万名参赛者一齐从起点出发了，他成了这次比赛中实力最弱的选手，却也是最被人们关注的一个。无数观众站在赛道旁，向这位老兵打着招呼，给他鼓劲儿。

医生每天允许菲尔·帕克最多走2英里(3218米)的路程，这几乎是他每日可以承担的最大运动量，菲尔·帕克仍在挑战着自己的极限。而就是这样，他每天走一段，每天走一段，最后，终于用了14天的时间完成了42.195公里的马拉松赛程，冲破了终点线。那一刻，菲尔·帕克无疑成为了这场比赛中最伟大的胜利者之一。

在观众的簇拥和记者的"团团包围"下，菲尔沐浴在掌声和喝彩声中，说了这样一句话："一段经历结束了，新生活才刚刚开始。我的最终目标就是真正摆脱悲观绝望的生活态度，以一种崭新的面貌去迎接生活。"

这就是菲尔·帕克的故事，他虽然不是一名职业运动员，但是他用运动的方式诠释了生命的价值和自己坚韧的毅力,这也是运动带给我们每个人的启示——参与就是胜利,挑战就是胜利,坚持就是胜利。

逐梦箴言

菲尔·帕克经历了人生命当中最不想经历的事情,如果这样悲伤的事情发生在了你的身上,你会作出怎样的决定?那一瞬间的痛苦一定是非常难挨的,身体和精神都承受着巨大的压力,并非每一个人都有勇气重新站起来,这无可厚非。不过,只要你用心去尝试,你一定会有所收获。别让悲伤笼罩你的一切,抬头看看天空,看看未来的日子,美好一直在等待你。

知识链接

伦敦马拉松赛:受纽约马拉松的启发,伦敦马拉松赛在1981 年诞生了。每年的四月下旬,这场比赛都将如期进行。马拉松赛向来以艰苦著称,但伦敦举办的这项赛事却具备宽阔的场地、宜人的景色和热情的观众于一身,成为了一项让运动员心旷神怡的赛事。再加上官方人员周到的组织工作,让这项比赛成为了最受欢迎的长跑项目。

我的未来不是梦

● 智慧心语 ●

人生的旅途罢,前途很远,也很暗。然而不要怕。不怕的人的面前才有路。
　　　　　　　　　　　　　　　　　　　　　　　　——鲁迅

在希望与失望的决斗中,如果你用勇气与坚决的双手紧握着,胜利必属于希望。
　　　　　　　　　　　　　　　　　　　　　　　　——普里尼

坚强的信心,能使平凡的人做出惊人的事业。　　　　——马尔顿

一个人的圣灵必须饱受挫折,才能有船舱般的稳重航行于大海中,否则,将只是风的玩具。
　　　　　　　　　　　　　　　　　　　　　　　　——叔本华

要最终评价一个人,不能看他在顺境时如何意气风发,而要看他在逆境中能否乘风破浪。
　　　　　　　　　　　　　　　　　　　　　　——马丁·路德·金

有了乐观执着的精神,才能使希望之火常燃不灭。　　——陈懿

第九章

中国印记

刘翔

◦导读◦

　　近100年来，中华民族曾经历过太多的波折。从列强的侵略到清王朝的覆灭，再到新时代的崛起，人们曾一度以为这个具有悠久历史的大国将要面临毁灭的命运。可谁曾想，最后我们站起来了！国土稳固了，祖国昌盛了，曾被称为"东亚病夫"的中国人，正在用自己的方式向世人证明，我们的人种跟"低劣"二字毫无关系。这中间，离不开中国运动健儿的贡献，从第一次参加奥运，到第一块金牌，再到名列金牌榜首位，中华民族的体育之路同样走得有声有色。这一章，让我们张大眼睛，认识一下这些属于中国的骄傲，这些在运动场上奋战着的民族英雄。

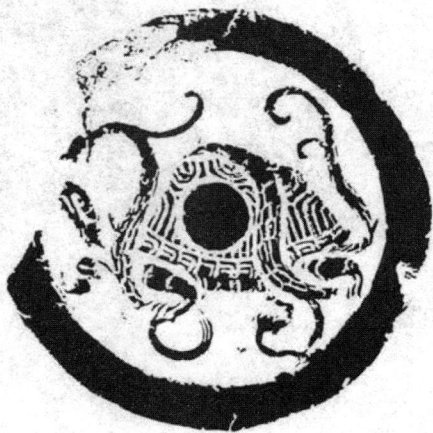

单刀赴会
——刘长春

体育生生不息,永不停止。

短跑飞人刘翔的大名如今已是如雷贯耳,多次刷平、打破世界男子 110 米栏纪录的他,不仅是田径赛场上的英雄,更是中华民族的骄傲。然而,在距今将近一百年前的时间里,在中国人民还在和日本侵略者浴血奋战的危急时刻,中国也曾有一名号称"飞人"的短跑选手出现,虽然他在世界田径赛场上取得的成就并不那么耀眼,但他所做的一切,也同样诠释了中华民族的骄傲和不屈,他的名字叫作刘长春。

1907 年 10 月 24 日,天津南开大学讲堂内鸦雀无声却群情激昂。当时,校内运动会刚刚结束,长期主张体育教学的南开校长张伯苓在讲堂内发表演讲,他义愤填膺地问道:"中国什么时候,才能派出一个选手参加奥运会?中国什么时候才能派出一支队伍参加奥运会?中国什么时候才能举办一次奥运会?"然而,回答他的却只有未知与沉默。

还好这个问题没有让人们疑惑太长时间,两年后的 1909 年 11 月 25 日,在那个动荡不安的时代里,一个叫作刘长春的男孩在辽宁省的大连出生了。

在他上初中时参加的一次校运动会中,小小的他竟在百米比赛中跑出了 11 秒 08 的惊人成绩。天分颇高的刘长春后来被东北大学的教练看中。1929 年,仅仅 20 岁的刘长春在 5 月 31 日至 6 月 2 日沈阳东北大学举行的第 14 届东北运动会上,一鸣惊人。他以 100 米 10.8 秒、200 米 22.4 秒和 400 米 52.4 秒的成绩一举打破三项全国纪录,震惊了中国体育界。更让人觉得惊喜的是,他的 100 米成绩和 1928 年阿姆斯特丹奥运会上百米冠军的成绩竟然分毫不差。

然而,在 1928 年,除了奥林匹克运动会,还有一件事是更加值得中国人铭记的——6 月,日本在沈阳皇姑屯车站炸死张作霖,阴谋夺取东北。1931 年 9 月 18 日,日本在沈阳制造"九一八事变"。还有后来的"卢沟桥事变",种种国家的耻辱和民族的血泪并不需我过多去形容,让人称赞的是短跑运动员刘长春在这样的时代中,用自己的方式所做的一切。

四年后,洛杉矶奥运会即将开幕。如此的盛会,国民政府却因战争的缘故而无暇顾及,教育部决定只派中国奥会主任干事沈嗣良和代表主席王正廷出席国际奥会年会及开幕典礼。可是,由日本人建立的伪满洲政府却在此时宣布了一个不知羞耻的声明,由日本政府操纵的《泰东日报》连续五次刊登出同一则消息:新国家伪满洲国已经决定派刘长春等人代表伪满洲国前往美国洛杉矶奥运会,而且,国际奥委会已经复电承认,并要求速交满洲国的国旗和国歌。"

这则声明激怒了中国人,刘长春本人对此当然是毫不知情,面对着全国上下误解的谩骂声,他开始更加痛恨日本人的所作所为,他无法忍受自己和自己的祖国受到这样的奇耻大辱,最后他勇敢地站了出来,在《大公报》上说出了自己慷慨激昂的话语:"苟余之良心尚在,热血尚流,则又岂可忘却祖国而为傀儡伪国做牛马耶!"

而国民政府也知道,这样的情形之下,唯有派出自己的运动员去参加洛杉矶奥运会,才能粉碎日本侵略者宣扬"新国家"成立的阴谋,才能还击他们丑恶的嘴脸。终于,在张学良将军的资助下,刘长春踏上了前往奥运赛场的征途。作为国内最出色的短跑健将,刘长春肩负的使命不仅仅是为自己的祖国争取一块奖牌,他更要用自己的出席和自己的比赛去向全世界证明:中国拥有自己的运动员,拥有自己的尊严,每一个炎黄子孙都不会为侵略者所利用,他们都会代表自己的祖国去战斗。

　　张学良将军在 1932 年 7 月 1 日东北大学的毕业典礼上，亲自向外界宣布了一件具有国际意义和历史意义的决定：刘长春将代表中国远征第十届奥运会。为此，张学良更是捐出 8000 银元(大约 1500 美金)作为比赛经费，支持了刘长春的出席，而刘长春则成了历史上第一个代表中国参加奥运会的运动员，也是当年奔赴奥运赛场的唯一一名运动员。

　　7 月 8 日，刘长春和随行的教练宋君复从上海登上了"威尔逊总统号"邮船。那一天的上海，几近万人空巷，赶来为刘长春送行的百姓将整个码头都挤满了，他们挥舞着手臂，大声高呼着刘长春的名字，为他鼓掌、叫好，这似乎还是第一次有一名运动员还没开始比赛就受到了如此的待遇。邮船在千万人的注视下远远驶离了码头，刘长春独自一个站在船头处，望着汪洋的大海，目光深邃。不久后，上海的一家报刊登出了这样一幅漫画：武神关羽手持青龙偃月刀，面目肃然地挺立于一只小船上，漫画的标题上写着四个大字：单刀赴会。

　　日本对于刘长春此次的行动耿耿于怀，他们并不死心，船在经过神户时，有日本媒体的记者上船采访刘长春，他们问刘长春是否代表伪满洲国参加奥运，刘长春冷笑着说："我是中国人，当然要代表自己的祖国。"记者灰溜溜地下船了。不久后，邮船上的刘长春又接到了日本体育协会发来的电报，电报上称：预祝伪满洲国代表一路顺风，取得好成绩。而刘长春只是将电报原封不动地退还了。

　　经过 21 天的漫长航行，邮船终于在 7 月 29 日抵达了洛杉矶。第二天就是奥运会开幕的日子了，而刘长春的体力早已经因为过久的海上漂泊消耗殆尽，他没有任何休整的时间，之后参加的百米比赛更是在小组赛就被淘汰出局了。

　　4 年后的 1936 年，刘长春再次代表中国参加了第 11 届奥林匹克运动会，但结果同样不够理想，而这一次，他在赶赴赛场的船上一漂就是 28 天。

　　其实，我们无需质疑刘长春的实力，回望 1933 年的 5 届全国运动会，刘长春曾以 100 米 10.7 秒和 200 米 22.0 秒的成绩勇摘桂冠，并创下两项全国纪录。其中 10.7 秒的 100 米纪录更是尘封了 25 年的时间无人能出其右,一直到 1958 年,中国运动员梁建勋才将其打破。

说句实在话,刘长春的实力无论高与低,他在奥运比赛中取得的成绩无论好与坏,都已经不再重要了。现代奥林匹克之父顾拜旦不是曾经说过吗:"奥运的宗旨不是胜利,而是战斗!"漫画中,刘长春被描绘成了关公的形象,虽然他不会舞刀弄枪,也不曾上阵与侵略者拼杀,但是这位"中国奥运第一人"的话语、行动和他那身傲然的正气,又哪一点逊色于关公?他奔赴的明明就是另一个战场,一个没有硝烟却同样艰难的战场,这何尝不是在战斗?虽然没有赢得奖牌,但他赢得了尊严,赢得了骨气,他用自己的行动在向全世界发出震耳欲聋的呐喊:中国人来了!这个声音,已然震撼了全世界。

今天的中国,已经成为名副其实的体育强国,在各个体育领域都有称霸世界的强者存在,历届奥运会的金牌榜,中国更是名列前茅遥遥领先,而当我们回想起近百年前的那位"关公"手持单刀,独自一人毅然赴会的场景时,也会有更加温热的气息涌上心头吧!

逐梦箴言

有时,胜利的天平真的不会偏向你这一边。虽然你已经全力以赴,虽然你被誉为"天赋异禀",但有时命运还是会用失败来戏弄你。但这不要紧,你的成功,你的成长,都不需要别人来鉴定,在一次次的磨砺中,你超越了自我,你就是一个强大的人。

知识链接

洛杉矶奥运会：洛杉矶曾在 1932 年 7 月和 1984 年 7 月两次举办奥运会。刘长春所参加的是第十届洛杉矶奥运会，本届奥运由 1932 年 7 月 30 日开幕至 8 月 14 日闭幕，历时 16 天。参加这次比赛的有来自 37 个国家的 1048 名运动员，其中女选手 127 人。这也是中国第一次参加奥运会，并派出 3 人代表团，但运动员仅有刘长春一人。本届运动会共有 16 项世界纪录被打破，2 项世界纪录被刷平。

"伪满洲国"为什么没有参赛资格：洛杉矶奥运筹备会亦发表声明：对于伪满州国此次参加奥运会一事，原考虑参照菲律宾、印度等国家的例子，在美、英旗帜之下参加奥运会，但菲、印两国均有法定国家奥会组织所签署，且为国际奥会所承认，而伪满州国既未得国际奥运总会承认，更无法定国家体育机构且为国际奥会所公认。1932 年 6 月 25 日国民政府外交部从国际奥会总部得到的消息，伪满州国参加奥运无法得到国际奥会批准，故不能出席与赛。

黄种人的飞翔梦

——刘翔

　　和他的名字一样,刘翔在飞,一直都是如此。小时候,刘翔看着电视机中的黑人白人们在田径场上奔跑,瞪大了眼睛说:"我以后也能。"他的小伙伴听了,"扑哧"一声笑了出来,"你快算了吧刘翔,你知道他们跑得多快吗你?"小伙伴不知道,那时候,刘翔的梦就已经在飞了。

　　1999年3月14日,刘翔与恩师孙海平结缘,并进入了田径一线队伍。孙教练说:"第一次见到刘翔,他才15岁。那个年纪的小孩子,练习跨栏,还不如说是'跳'栏。但是,他在训练场上玩命地往前冲的劲头吸引了我,我看这孩子是个不错的苗子。我找到刘翔爸爸,希望刘翔可以参加试训。"人们不知道,那个时候,刘翔的身体在飞,他虽然没有天生的翅膀,但他始终没有放弃追寻,他努力锻炼着自己全身的肌肉和骨骼,磨练着自己的意志,想要用最接近飞翔的方式去生活。

　　就这样,经过日复一日的训练,刘翔开始崭露头角了:2001年4月,他在广东中山用13秒70夺得亚军;同年5月,在上海举行的全国田径锦标赛暨系列大奖赛上,刘翔更上一层楼,他以13秒32的成绩获得了第一名。这次比赛,对他来说有非凡的意义,因为他的成绩超越了一个人——陈雁浩。陈雁浩是中国的老牌跨栏王,更是刘翔心目中的"跨栏第一人",而这一次,刘翔所做的并不仅仅上是名次上的胜利,更是一次难得的心理超越!

说起心理素质,刘翔可是出了名的好。他的教练曾经说起过一个故事:1999 年初,在河南举行的全国少年赛上,刘翔报名参加了 16 至 17 岁年龄组的比赛,那也是刘翔第一次参加全国比赛。小插曲出现在比赛临近开始的时候,所有选手都已经被裁判带到了起跑线上,刘翔也开始做起了准备活动。可是,他突然发现了自己的一个重大失误:号码布忘记带来了!号码布没带,就没有资格参加比赛。意识到这个问题,小刘翔并没有马上显得惊慌失措,而是第一时间把事情向裁判说明了,经过裁判的允许后,刘翔赶快用最快的速度去找他的教练。当时,人们看到起跑线上的刘翔正在往回跑,都惊呆了,而听到"号码布忘带了"这个消息时,刘翔的教练都急得头顶冒汗。"他把号码布放在自己包里了,可当时他的包还不跟大伙儿的在一起,在另外一个同学那儿。教练赶紧去找到另外一个孩子,拿到号码布再跑着送到刘翔手里。"他的教练在回忆时说。这一折腾不要紧,刘翔不仅浪费了体力,而且只有 16 岁的他肯定会受到这种突如其来的情况的影响。要知道,像 110 米跨栏这样高强度、短时间的比赛,考验的不光是选手的技术和体能,更是心理素质和临场的发挥。好就好在当时那位裁判通情达理,他一直等到几分钟后刘翔回到起跑线上带好了号码布,才宣布比赛的开始。而真正让大家惊喜的,是比赛的结果:经过一番"波折"的小刘翔发挥十分出色,他心无旁骛地投入到比赛中去,并赢得了冠军。"要是别的小孩,经过这么一折腾早就慌了手脚,比赛已经输掉一半了。何况之前他还拼命跑了一段路来看台找教练,体力也消耗了一大半了。"刘翔的教练感叹着,"刘翔就是心理素质好,他是这方面的天才!"

刘翔不光有临危不乱的大将风范,他倔强的性格和强烈的好胜心,同样是他成功道路上的助推器。记得那是 2000 年 11 月,法国里昂的一次室内田径大奖赛,刘翔和其他五名选手共同进入 60 米栏的决赛,站在第五道上的他是唯一一名中国选手,比赛开始后,第六道上的美国选手在跨第二个栏的时候就出现了失误,摔倒了。刘翔是第三个冲过终点的,可裁判的判决和大屏幕上的显示,却宣布刘翔没有成绩。原来,是裁判误将那个失误的美国选手当成了刘翔。在他们看来,作为一名黄种人的刘翔,失误与失败都是理所当然的,中国人当然不会在这样的项目上取得好成绩! 先入为主的观念迷惑了那个裁判的眼,幸好当时有孙海平教练的实录证明了刘翔的成绩,才让裁判改判,把刘翔的成绩调整为第三名。正是这场比赛中发生的小插曲,让刘翔和孙海平教练愤愤不平,他们的身体中积蓄着一口气,一口不服的气,这口气也一直激励着师徒二人,他们发誓要在国际赛场上有所作为,让全世界的人都知道,白人和黑人能做到的事,黄种人一样可以做到,甚至比他们做得更好!

其实,不光是那名裁判,我们的生活中,也有很多爱好体育的人都在消极地声称"黄种人的身体素质不行,赶不上白人、黑人"。这完完全全是一种自暴自弃的想法,在抱怨自己的先天优势不够出众的时候,人们有没有想过,是不是自己付出的努力还不够呢? 如今,越来越多的亚洲人在一些被其他人种主宰的运动领域里有所斩获,更不乏像姚明、林书豪这样的佼佼者。刘翔也是其中之一, 他的出现,充分证明了"黄种人不比任何人种差"。没有一个人的成功是不需要付出汗水的。刘翔同样如此,他的韧带很紧,这对于一个跨栏运动员来说,是致命的障碍,如果不努力去克服这个困难,那刘翔的整体竞技水平就达不到顶峰,这也就证明着他没办法跑出最好的水平。为此,刘翔可谓是煞费苦心,他每天都会做拉伸韧带的训练,这是十分痛苦的,让一个身体结构已经基本成型的成年人去改变某一紧张部位的松弛度,简直就像在弯折一根坚硬的铁条,这样的训练曾让刘翔疼得掉泪,但他从没放弃过。就算在身体天赋上有一定的劣势存在,但勤能补拙,刘翔一日不肯懈怠的训练,让他的成绩愈来愈好。

世界大学生运动会上,刘翔斩获了 110 米栏冠军。这是他的第一个世界冠军头衔,也是他证明黄种人实力的第一步。之后,在 2001 年,刘翔又分别取得了全运会、东亚运动会的男子 110 米栏冠军。那时候,刘翔的躯体在飞,他用伸展双翅般雄伟的姿态奔跑,让黄种人短跑运动员给全世界留下了崭新的印象。

就这样,刘翔一步接着一步地攀爬着,2004 年 8 月 28 日,雅典奥运会男子 110 米栏决赛上,刘翔终于将自己飞翔般的英姿和风驰电掣般速度发挥到了极致——12 秒 91,平了由英国选手科林·杰克逊创造的世界纪录,夺得了金牌,成为中国田径项目上的第一个男子奥运冠军,创造了中国乃至整个亚洲男子 110 米栏项目上的神话! 那一刻,所有中国人都沸腾了,这个神奇小子十年磨剑,而那一刻他锋利的霜刃成为了世界之最。他做到了,他真的飞起来了,带着中国人、亚洲人、黄种人想要飞翔的梦,翱翔在了最广阔的天空当中。

如今的刘翔,已经是体坛当中最炙手可热的短跑运动员,雅典奥运会之后,他也曾多次在大大小小的 110 米栏和 60 米栏的比赛中夺冠,并多次刷平、打破世界纪录,几乎垄断了近十年来的短跑跨栏比赛金牌。刘翔仍在奔跑,仍在飞翔,在他的带领下,将有越来越多的人,越来越多的平凡人用汗水磨练双翅,用钢铁打造意志,飞向他们梦寐以求的天空。

逐梦箴言

"一切皆有可能"——李宁品牌的经典广告词。如今,刘翔已经将这个"可能"变成了"平常"、甚至是"习惯",先入为主未必是件好事,就算先天条件真的没有他人优越,你仍可以达成目标,攀向高峰,因为,勤奋和坚持才是决定一个人成败的关键。

知识链接

室内田径的起源:1984 年 7 月,国际田联洛杉矶会议作出了一个重要的决定——在 1985 年 1 月 18—19 日于巴黎举行第一届世界室内田径运动会。会上还对室内运动会提出了规

我的未来不是梦

定和标准,如室内跑道长度为一圈 300 米,弯道 65 米,直道 35 米。这些规格被沿用至今。1986 年,国际田联在斯图加特会议上通过了建立室内世界纪录的决定,并于 1987 年 1 月 1 日公布了承认的室内正式项目,其中包括男子项目 20 项和女子项目 18 项。

孙海平:孙海平出生于 1955 年,1971 年 2 月进入国家青训队,1973 年 7 月,他成为了上海体工队田径班的一名运动员。1993 年,孙海平被上海市体委记二等功;1994 年—1998 年被上海市体委授予先进称号;1999 年获中国田径协会奖励证书,被国家体育总局批准为跨世纪优秀中青年教练员;2005 年,孙海平正式被任命为国家田径队的副总教练。他培养出了很多著名田径运动员,如刘翔、冯云、陈雁浩和谈春华等。

女皇和女孩儿
——高敏

"高兴的时候就笑,伤心的时候就哭,我希望许多年后人们给我评价是:你没变。"这就是高敏——一代"跳水皇后",一个经历了大喜大悲,仍然保持着平常心的女孩。

优雅的造型,轻盈的动作和稳定的表现是高敏的"秘密武器",任何国际比赛,只要有高敏参加,她几乎都会将金牌收入囊中。许多国外跳水运动员都不禁在内心里感叹:"与高敏在同一时代,简直是个悲剧。"

这个大眼睛的漂亮姑娘出生于四川自贡市,早在她只有 4 岁时,便开始学习游泳。6 岁时,她进入一所体校开始学习体操,而她真正开始接触跳水是在她 9 岁时,那一年学校开设了游泳课,这是高敏第一次尝到在游泳池里边游泳的滋味。一天,小高敏和小伙伴正在游泳池里尽情玩耍着,这时,体育老师把孩子们从水中叫了出来,他开始给孩子们介绍跳板台,他指着一个 3 米的台问:"谁敢从那里跳下来?"3 米,对于九岁的孩子来说,可以说是让人恐惧的高度,可勇敢的小高敏看了看,却觉得没什么,于是她应了一声:"高敏敢。"于是,在同龄的小伙伴们惊愕的目光中,她就爬上了 3 米高的跳台,高敏看了看脚下平静的水面,并没过多犹豫,就径直跳了进去,这样的"英雄事迹"顿时赢得了大家的掌声与喝彩。这是高敏第一次在跳台上赢得欢呼声,而渐渐地,她就迷上了跳水这项运动。

从那以后,高敏便将自己投入到了艰苦的训练中。1980 年,凭借着优异的表现,高敏入选了四川省跳水队,五年后,她又顺利入选中国国家队。在此之后,胜利对于高敏,似乎成了顺理成章的事——1986 至 1992 年间,高敏包揽了所有赛事的冠军,成为当之无愧的"跳水女皇"。可让我们意想不到的是,在 1992 年奥运会的一跳,却成为了她的谢幕秀,自此,高敏宣布退役。

这难免让人疑惑,风华正茂的跳水女皇,为什么会在事业的巅峰期选择退出?

原来,就在这一枚枚金牌不断地被高敏收揽的同时,随之而来的,是越来越大的压力。人们看到的只是一次次得到金牌时的风光,可并没有人知道在这一次次的比赛中,她是经历了怎样的紧张、担忧与焦虑。人们认定了她会成功,可是,高处不胜寒啊。1988 年汉城奥运会上,她得了冠军的荣誉,享受到了领导级的待遇,可有的运动员却因为比赛失利,家里的玻璃都被人砸坏了;那些失误了的运动员在下飞机的时候,都老老实实地走在后面不敢接受人们的目光。

那是年轻的高敏第一次感受到了竞技的残酷与失利的可怕,国人关注的只是成败与否,没有人会因为你曾经付出了血泪,就宽容你带给他们的失望。她害怕失败,甚至开始害怕跳水。这样的心里压力越来越重,后来的高敏,每一次她比赛时,都会将安眠药随身携带,面对这一池清澈的水,高敏却难以掩饰自己的压抑。一次次的成功让人们对她寄予的期望更高了,她的内心十分挣扎。她甚至曾经想过,如果在这场比赛中没有拿到冠军,就从那里最高的楼跳下去一死了之!

其实,当时的高敏非常需要心理治疗,但她因为繁忙的比赛和训练,一直没有接受系统的检查,她以为只要不是肉体上的伤病,总会挺过去的吧。每次和医生见面,高敏都会把医生给她的安眠药偷偷攒下来,有时,趁大夫不在,她还再会偷拿几颗。她攒了一整瓶的安眠药,她想,等她什么时候觉得难以承受就吞下去。就是带着这样的心态,高敏走上了巴塞罗那奥运会的赛场。

1992 年 8 月 2 日,在西班牙巴塞罗那,奥运会女子三米板决赛即将开始。选手们都在紧张地做着赛前准备。比赛开始了,高敏十分紧张,手心和鼻尖都渗出了细小的汗珠。要到她跳了,她缓缓地走向跳板,深呼一口气,调整呼吸,随即鼓足勇气跳了起来! 一连串的入水前动作,都十分完美,尽显"跳水女皇"的本色。可就在入水的那一瞬间,高敏失误了。她给自己的压力太大了,她太想拿到这个项目的冠军了,这样的念头几乎要把她整个人都占据掉,以至于她无法全身心投入到比赛当中。可就,塞翁之马,焉知非福。这个失误,却让高敏的心态得到了平复。她心想:"反正已经失误了,一共十二个选手我排到了十一名,不会有比这再差的发挥了!"于是,在接下来的四个动作当中,高敏的心态非常放松。她没有放弃对冠军的追逐,而良好的心态让她将接下来的每一跳,没一个动作都发挥到了极致。高敏稳重求进,奋起直追,从第七名,第五名,第四名,最后竟从倒数第二追到了正数第二名。

到了自选动作,高敏继续保持稳定的发挥,与排在第一的俄罗斯选手进行最后的较量,本来两人之间的分差不小,可让人意想不到的是,那名俄罗斯选手在最后一跳中失误了,她整个人几乎躺在了水里,这样的失误让高敏接下来的一跳反超了她十分。到了最后一跳,高敏全力以赴,发挥出了自己的最高水平,她把自己和第二名之间的差距直接拉到了三十分! 那一刻,看台上响起了雷鸣般的掌声,人们尽情欢呼着,为女皇的又一次加冕喝彩。而看着积分榜上显示的分数,高敏在一瞬间得到了解脱。

站在领奖台上的高敏哭了,她的泪水中不光有为国争光的骄傲和夺得冠军的喜悦,还有多年来积蓄的压力得到释放的快感。虽然她曾经无数次地站在最高领奖台上,但她很清楚,这将会是她最后一次站在这里了。"我终于解放了,一身轻了。我的爸爸妈妈可以安安稳稳地过日子了,我也可以轻轻松松地过我的生活了。"

离开了赛场的高敏开始了她一直向往的简单生活,她踏上了飞往加拿大的航班。她在温哥华居住了十二年,她在这片心灵的净土上结婚生子,过上了幸福的生活。后来,高敏到了美国,在鲍尔州立大学进行研修。她喜欢这样的日子,因为在那里,她的知名度并不高,几乎没有人知道她曾经

我的未来不是梦

是个称霸体坛的跳水冠军,她可以像个普通人那样做自己想做的事情。而每当她在生活中遇到挫折,只要回想起自己曾经在奥运会前夕挣扎的那段日子,也觉得轻松了许多,没什么能难倒她。

2005年,高敏回到了自己的祖国,她决定为即将到来的奥运会尽自己的一份力量,同时也在不断地为慈善事业作着贡献。

后来,记者在一次采访中问高敏:"你觉得自己职业生涯的巅峰是什么时候?"

高敏说:"1992年8月3日,拿到巴塞罗那奥运会冠军,那不是我一生中最漂亮的一天,却是我一生中最幸福的一天。最后一跳时,我知道这将是我一生中最后一次在奥运赛场上出现,也是我跳水生涯的最后一跳。起跳,转体,入水,一气呵成。在水中,我觉得自己在飞翔,头顶上的水变成了一片一片的云彩。"

逐梦箴言

不是所有攀上顶峰的人,都在享受极乐。人与人不同,追求的目标也大相径庭。当你在一个世界里过得累了,不开心了,安安静静地走出来,似乎是最好的选择。光彩夺目的日子不一定适合每一个人,不要强求,谁都有权利去过一份自己最喜欢的生活。

知识链接

高敏曾获得的荣誉:

1986年第五届世界游泳锦标赛上,年仅15岁的高敏以582.42的高分夺得跳板跳水冠军,成为世界锦标赛历史上的最高分。同年，她又分别于原民主德国国际跳水赛、加拿大杯国际跳水赛上夺冠。

1987年在第五届跳水世界杯赛中，再夺跳板跳水金牌。

1988年在第二十四届奥运会上，以580.23分的压倒性优势获得跳板跳水金牌，实现了"三连冠"，并成为我国第一位奥运会跳板跳水金牌获得者。

1989年在第六届世界杯跳水赛上，获得女子一米跳板和三米跳板两项冠军，并是获得女子团体冠军和混合团体冠军的中国队的成员。

1992年在第二十五届奥运会上，蝉联女子跳板跳水冠军。

1987年、1988年、1989年连续三年被美国《游泳世界》杂志评为"世界最佳跳水之王"。

小小"超级丹"
——林丹

2011 年 6 月,林丹蜡像入驻杜莎夫人馆,俊朗的外表,笃定的眼神,永远望向前方的姿态。"这是一个霸气的男人。"一个温柔的声音说。

熟识林丹的人都知道他有一个外号叫作"超级丹",对于一个世界排名第一的羽毛球运动员来说,这是个当之无愧的称号。当他登上世界羽联排名第一位的时候,年仅 19 岁。2004 年至 2008 年,林丹占据了各大赛事的冠军,至今冠军数目已高达 15 个。拉吊突击,启动速度快,爆发力超强是林丹最显著的特点,而他的变速突击打法更是推动了羽毛球运动的又一次技术革命。

其实,少年时代的林丹,就体现出了强者的气质,上世纪 80 年代,学习电子琴的潮流席卷了全国各地,林丹的爸爸妈妈也追了这潮流,给小林丹买了一架"卡西欧"的电子琴,价值有一两百块,这在当时可是一笔不小的数目,他的爸爸妈妈一心期待这个孩子能爱上这动听的声音。可谁知道,小林丹对这个黑白单调的东西一丁点都不感兴趣,每天坐在电子琴前面练琴简直成了他最苦恼的事。林丹的爸爸妈妈都是体育爱好者,爸爸喜欢打乒乓球和排球,妈妈喜欢游泳和打篮球。妈妈见林丹无心弹琴,就开始带领林丹进入运动场,妈妈训练的时候,就让小林丹自己在操场上玩。

当时,上杭县体育馆有个少儿羽毛球的培训,好多小朋友都在那里学习羽毛球,那是小林丹第一次见到羽毛球,轻盈而又小巧的球在小朋友的球拍间飞来飞去,就像一个个长了翅膀的生命,林丹一下子就被这个可爱的小东西迷住了。很快,他便报名参加了那个训练班,他在教练的带领下和小朋友一起学会了握球、发球、传球等基本动作。有时候,趁教练不注意,他就偷偷和小朋友们一起做游戏。那段时光,是林丹觉得生命中最无忧无虑的日子。

在这个班级里,林丹是唯一一个用左手打球的孩子,教练也因此对他十分关注。因为当时他的年龄还小,他虽然并不是班里最出色的,但是他的基本功在班上却是数一数二的。林丹不服输的性格在他很小的时候就已经有了体现。那时候,最令小林丹头疼的就是压腿,女孩子的柔韧性好,舒展筋骨对她们来说似乎轻而易举。但这对于小林丹来说,简直就是折磨,开始的时候他的韧带没有打开,教练就经常帮着他压,而每次压腿都会让他疼得留下眼泪。不过,他从来都不说放弃,他就这样日复一日地加强着自己的基本功,训练着柔韧性。有时,回到家的小林丹还让妈妈帮着压。那时候,能让林丹掉眼泪的除了压腿,还有一件事,那就是比赛打输了。

1992 年,9 岁的林丹进入了福建省体校,来到了这个远离家乡 600 多公里的学校。第一个学期,小林丹几乎是伴着泪水过完的。他非常想家,有时训练进行到一半,小林丹就忽然号啕大哭起来。每当这时,教练就会让他站到一边哭完再继续训练。林丹后来笑着回忆说,那时候几乎每天都要给家里写一封信,内容大概就是:"爸爸妈妈我想你们了,你们什么时候来看我"之类的话。从小在妈妈的怀抱里长大的林丹还不太会照顾自己,不会整理床铺,更别说洗衣服了,整个人每天都邋邋遢遢的。直到第一个学期他从学校回到家,他的情绪才得到平复。不过,这一番锻炼对于小林丹来说,是颇具意义的,从那个学期之后,他要强、不服输的性格愈发明显,他刻苦训练,自理能力也越来越强。

1995 年,小林丹在全国青少年比赛中获得了男单冠军。让人意想不到的是,他的表现被解放军队看中了,让他在队里训练了 10 天。没过多久,他便收到了解放军部队的录取通知书,就这样,12 岁的林丹成为一名军人。1997 年,林丹随部队到南日岛体验军旅生活,在那里,他们这些羽毛球选手每天都要和军队的小兵一起出操、站岗,在太阳下一站就是几个小时,那时候的日子别提有多辛苦了,林丹也充分地体会到了当军人的辛苦与不容易,更体会到了军人的可贵可敬。如林丹自己说:"我身上的这种霸气是与生俱来的,更是在这段部队生活中得以成就的。"

就这样,凭借着自己的勤奋和努力,林丹终于在2002年8月22日登上了世界羽联排名第一的位置,那时的他年仅19岁。从那以后,他的卓越便一发不可收拾,成了名副其实的"超级丹"。2003年,林丹分别在丹麦羽毛球公开赛、中国香港羽毛球公开赛、城运会羽毛球赛上获得男单冠军,日本羽毛球公开赛上获得男单亚军。2004年,林丹成为第23届汤姆斯杯冠军主力成员,第一单打(即单打水平排名第一的人);同年,分别在全英羽毛球锦标赛、德国羽毛球公开赛、中国羽毛球公开赛、瑞士羽毛球公开赛、丹麦羽毛球公开赛上获得了男单冠军。2005年,他成功地成为第九届苏迪曼杯冠军主力队员,第一单打,分别在中国、德国、日本举行的羽毛球公开赛上获得冠军,同时又在第十届全运会上再次夺得金牌。而2006年,林丹的冠军足迹已经踏向香港、澳门、台北、马来西亚、西班牙。2007年,除了一个接一个的奖牌外,连韩国人也被林丹的高超技艺所折服。2008年,他在我们为之骄傲的北京奥运会上又一次不负重望拿下金牌,同时,瑞士、泰国、英国等地也留下了他胜利的笑颜。

迄今为止,林丹成为了世界羽毛球史上唯一一个获得超级全满贯的选手,他是世界首位包揽了所有奥运会、世锦赛、全英赛、世界杯、汤姆斯杯、苏迪曼杯、亚运会、亚锦赛、世界羽联总决赛全部男子单打冠军和世界团体大赛冠军的运动员。

林丹是一个神话,是一个传奇,他用自己的汗水与执着为自己赢得了鲜花与掌声,更为伟大的祖国赢得了荣誉与尊严。著名法国作家雨果曾说:"所谓活着的人,就是不断挑战的人,不断攀登命运险峰的人。"林丹之所以成功,正是因为他拥有一颗永不服输的、勇敢的心。

逐梦箴言

　　流过泪的眼睛看岁月会更清楚,尝过苦痛的心灵看生命会更坦荡。没有一颗心不曾经历过失败,逐梦的日子里,我们都有过失意与彷徨。但是,总有那么一些人,他们可以踏着血泪奔跑,和着冰冷的泥土绽放,伤痛不过是他们成功的垫脚石,就如同凤凰会勇毅地踏上涅槃的征程——带着永不磨灭的信念,和永远不会被打倒的灵魂。

知识链接

　　杜沙夫人蜡像馆:杜莎夫人蜡像馆位于英国伦敦,在阿姆斯特丹、纽约、香港、拉斯维加斯等地均设有分馆,2006 年入驻中国上海。蜡像馆由杜莎夫人建立,是世界水平最高的蜡像馆之一,其中恐怖屋最为出名。

　　南日岛:南日岛位于福建省莆田市兴化湾东部,是福建省第三大岛。南日岛原名南匿山,因山隐大海而得名。陆地面积 52 平方公里,由 11 个岛礁组成,全年平均气温为 19.2 摄氏度。南日岛风景宜人,资源丰富。20 世纪 50 年代初,成为国共两军拉锯之地,如今,是红色旅游的重要景点之一。

　　汤姆斯杯:汤姆斯杯羽毛球赛是世界最高水平的男子羽毛球团体赛,于 1948 年由原国际羽联创办,每两年举办一次。1934 年国际羽联成立时,汤姆斯被选为主席,五年后其认为组织世界男子团体比赛时机已成熟,并愿意为此赛事捐赠一个奖杯,称为"汤姆斯杯"。(汤姆斯全名乔治·汤姆斯,曾是英国著名的羽毛球运动员)。

● 智慧心语 ●

中国自古以来,就有埋头苦干的人,就有拼命硬干的人,就有为民请命的人,就有舍身求法的人——他们是中国的脊梁。　　——鲁迅

丈夫志四海,万里犹比邻。　　　　　　　——曹植《赠白马王彪》

忧劳可以兴国,逸豫可以亡身。　　——《新五代史·伶官传序》

石可破也,而不可夺坚;丹可磨也,而不可夺赤。

——《吕氏春秋·诚廉》

坚志而勇为,谓之刚。刚,生人之德也。

——《练兵实纪·刚复害》

人的一生,总是难免有浮沉。不会永远如旭日东升,也不会永远痛苦潦倒。反复地一浮一沉,对于一个人来说,正是磨练。因此,浮在上面的,不必骄傲;沉在底下的,更用不着悲观。必须以率直、谦虚的态度,乐观进取、向前迈进。　　　　　　　　——松下幸之助

第十章

我的未来不是梦

○导读○

　　我是一名篮球爱好者,对于篮球的狂热和痴迷,让我一直铭记着 Nike 曾打出的一条标语:篮球永不息。

这条标语曾经被作为我的显示器桌面每天面对着我。这是我最喜欢的一句话，因为它短小精悍，却表达了十分深远的意境：自打篮球这项运动诞生，它就给人们带来了无限的乐趣，喜欢篮球的人投入其中，发现了它的不足之处，所以随着时间的推移，篮球运动也得到了更好的完善、发展。而这样不断在进步的篮球也给人们带来了更多的乐趣。它融入到了每个热爱篮球的人的生活里，血液里，永远不会停止，不会熄灭！

无论你是职业运动员，还是业余爱好者，只要你投身其中，都会有所收获，曾经在和自己的长辈争论"该不该在求学时把精力投入到运动中去"这一问题时，才上初中的我像个演讲家一样兴奋得站了起来，我说："运动让我得到了成长，我打篮球，身体得到了锻炼，跳得越来越高，跑得越来越快，身体越来越灵活，技术越来越细腻，从而得到了同学们的关注、赞美，增强了我的自信心；在篮球场上，我学会的不光是怎么加强自己的能力，更学会了团结的重要性——如何跟队友配合、产生默契，如何带领自己的队伍旗开得胜，这样的训练让我的领导能力越来越强；我还学会了怎样跟不要好的同学在球场上打成一片，不计前嫌地为了得分而合作，这增强了我的社交能力。而篮球运动员的动作充满美感、充满活力，这让我每天的生活充满斗志、激情，你们怎么就说篮球不好？运动为什么就会和文化课产生冲突呢？说句实在话，从某些方面讲，运动比整天读书、做题来得更有趣，也更有用！"

当然，我的这番慷慨激昂的言论难免有不成熟之处，但我相信我绝对头头是道地讲出了运动能给一个平常人带来的收获和进步，所以这些话语也让我通情达理的家人没再提过任何反对我打球的意见。

在这里，还请读者们不要将我的陈述做偏激的理解，我没有说文化课不重要，没有说读书不重要，也不是要你抛弃一切去投身运动当中。如果你是一位正在备战高考的学生，在最关键的时刻，大部分的时间当然是要拿来温习书本，如果你是一位事业繁忙的工作者，你当然也不会有太多的时间去运动，我只是说，运动是一件好事，在安排好自己的时间的情况下，适当的运动会给人的生活带来升华。所以不要歪曲我的想法。

好了，言归正传，我们继续来谈运动。

事实上，不光是篮球，所有的运动都是如出一辙，它们都能给你的生活增添无比光亮的色彩，让你绽放光芒，帮你完善人格，它们并非庸人口中的"蛮力"，相信我，任何运动都是智慧的结晶，包括铅球、铁饼、举重等等这些以体力为主的项目，它们哪个都不是不动脑就能做成的事情，那么其它项目就更显而易见了——跑步需要学会调整呼吸、摆动四肢；跳跃需要计量步数、伸展肌肉；球类运动的传球需要以柔代刚，讲求千钧一发的眼疾手快；关键时刻的出手需要极强的心理素质和冷静的头脑。所以，体育运动同样可以让一个人学会思考、谦逊，开发智力。这是一项无比高尚的爱好，一份值得尊重的职业，一份光荣的工作！所以，读到这本书的每一个人，你们都有资格、有权利也有能力选择运动。而那些视运动为不务正业之人才真的可耻。

这本书里讲了几十个运动员的故事，他们每一个人的身上都有值得学习的精神，他们是这个时代里最勇猛的战士，最令人钦佩的英雄。而在写作这些故事和收集资料的过程中，我更看到了他们每个人身上的共同点——健康，坚韧，乐观，勤奋。我想，这是每一个成功的人都该具备的素质，无论在什么样的领域里前行，只有具备了素质，才能无往不利。

说了这么多，相信大家一定领略到运动的重要性和魅力所在了。书的主旨在于在鼓舞大家参与更多的健康运动，体育活动，不要在这些被钢筋水泥包裹的城市里活得过于沉闷，繁忙的学习、工作压力会让你感到疲惫，这个时候舒展筋骨则扮演着十分重要的角色。结束了一天的劳作，你可以找一片开阔的场地，跑跑步，打打拳，玩玩球，和自己的亲人、朋友一起，或是通过这样的方式认识更多的新朋友，无论是大项、小项，无论专业、业余，这样的运动都能给你带来快乐、放松。如果，你还有雄心壮志梦想着成为一名职业运动员，也不要让世俗的声音阻拦你前进的脚步，运动是阳光的，请你迈着大步朝它走去，它的精神永存，它的意义永存，它的传承永存，因为，运动永不熄，让每一个热爱生活的人，将它进行到底！

◦ 智慧心语 ◦

人的健全,不但靠饮食,尤靠运动。

——蔡元培

殊不知有健全之身体,始有健全之精神;若身体柔弱,则思想精神何由发达? 或曰,非困苦其身体,则精神不能自由。然所谓困苦者,乃锻炼之谓,非使之柔弱以自苦也。

——蔡元培

我宁愿我的学生打网球来消磨时间,至少还可以使身体得到锻炼。

——卢梭

身体教育和知识教育之间必须保持平衡。体育应造就体格健壮的勇士,并且使健全的精神寓于健全的体格。

——柏拉图

不言体育而空言道德,空言智识,言者暗矣,听者心厌矣,究于事实何俾之有?

——恽代英

身体的健康因静止不动而破坏,因运动练习而长期保持。

——苏格拉底

为了使他有坚强的心,就需要使他有结实的肌肉;使他养成劳动的习惯,才能使他养成忍受痛苦的习惯;为了使他将来受得住关节脱落、腹痛和疾病的折磨,就必须使他历尽体育锻炼的种种艰苦。

——卢梭

教育上的秘诀,便是使身心两种锻炼可以互相调剂。

——卢梭

活动是生活的基础!

——歌德

运动是一切生命的源泉。

——歌德

我们力求使学生深信,由于经常的体育锻炼,不仅能发展身体的美和动作的和谐,而且能形成人的性格,锻炼意志力。

——苏霍姆林斯基